W0247801

Susanne Hühn

Wie ich dir meine Liebe zeige

Von der heilenden Kraft
der Achtsamkeit
in Beziehungen

ISBN 978-3-8434-1153-0

Susanne Hühn:
Wie ich dir meine Liebe zeige
Von der heilenden Kraft der
Achtsamkeit in Beziehungen
© 2014 Schirner Verlag, Darmstadt

Umschlag: Silja Bernspitz, Schirner,
unter Verwendung von # 126456206 (ivelle),
103206713 (artspace), www.shutterstock.com
Redaktion & Satz: Claudia Simon,
Schirner, unter Verwendung von # 103206713
(artspace), www.shutterstock.com
Printed by: ren medien, Filderstadt,
Germany

www.schirner.com

1. Auflage August 2014

Inhalt

Vorwort

Liebe Leser,

kennen Sie das? Im Beruf sind Sie freundlich, kompetent, organisiert, durchaus liebevoll und fürsorglich, je nachdem, welcher Tätigkeit Sie nachgehen – doch sobald Sie zur Haustür hereinkommen, fällt die Maske? So gern wir auch geduldig und herzlich mit unseren Liebsten umgehen möchten, wir sind einfach zu angestrengt, um noch etwas geben zu können, um achtsam zu sein, um uns Zeit füreinander zu nehmen. Wir müssen dermaßen funktionieren, dass wir nicht einfach auf »Gefühle und Nähe zulassen« umschalten können, wenn wir zur Tür hereinkommen.

Wir gehen miteinander um, als sei der Partner mit all seinen Bedürfnissen und Anforderungen ein pflegebedürftiges Ärgernis, im besten Fall ein Erfüllungsgehilfe für das, was uns fehlt oder was ansteht. Wir ärgern uns übereinander, weil wir unterschiedliche Bedürfnisse haben, weil wir uns nicht auf ein Fernsehprogramm einigen können, weil der eine kuscheln will, während der andere lieber liest, weil der eine reden will, während der andere nur in Ruhe gelassen werden möchte.

Wir denken ab und zu insgeheim über Trennung nach, wollen es aufregender, prickelnder, lebendiger oder friedlicher. Dabei übersehen wir ganz, welchen Schatz wir an unserer Seite haben. Und wir vergessen, dass wir sehr viel dazu beitragen könnten, unsere Liebe aufregender, inniger, lebendiger und freier, weniger kontrolliert und unterkühlt zu gestalten.

So war sie nicht gemeint, die Liebe, erinnern wir uns manchmal, doch dann läuft der Keller voll Wasser, und wieder ist kein Geld da, und die Kinder müssen in die Schule gebracht werden und überhaupt. Dabei ist doch eigentlich alles gut, und Sie verstehen gar nicht, wieso Sie nicht glücklicher sind. Nun, Glück braucht Bewusstheit. Und Mut. Und innere Freiheit.

Deshalb dieses Buch. Es ist ein Plädoyer für mehr Achtsamkeit. Denn natürlich lieben Sie Ihren Partner. Aber spüren Sie es noch? Zeigen Sie Ihre Liebe so, dass der andere sie auch wirklich erkennt? Zeigen Sie die Liebe mit all der Kraft, mit der Sie sie spüren, oder drosseln Sie ihren Ausdruck, kontrollieren Sie, füttern Sie den Partner nur mit kleinen Liebeshäppchen? Möglicherweise ist Ihrer Liebe die Freude abhandengekommen, die Leichtigkeit, der freie und auch der ab und an ungestüme Ausdruck – und möglicherweise Ihrem ganzen Leben.

Eine Frage habe ich an Sie: Darf ich Sie mit »Du« ansprechen? Denn wir reden über Liebe, über das Einssein.

Ihr Einverständnis vorausgesetzt (sonst denken Sie sich bitte einfach die förmliche Anrede) – danke.

Wie erkennen wir Liebe?

Liebe fühlen wir, sie umhüllt, umschmeichelt, nährt, schützt und stärkt uns. Wir erkennen sie nicht, indem wir Indizien sammeln und über sie nachdenken, so, wie wir den Zauber einer Rose nicht erfassen, wenn wir sie in ihre Einzelteile zerlegen, statt uns von ihrer Schönheit berühren zu lassen. Liebe zeigt sich wie die Rose über verschiedene Sinneswahrnehmungen – deine Liebe hat einen Duft, eine Farbe, eine Form.

Und wie wir auch an der schönsten Rose achtlos vorbeigehen, wenn wir allzu sehr mit uns selbst und unseren Gedanken und Sorgen beschäftigt sind, so übersehen wir die Zeichen der Liebe, wenn wir unseren Partner nicht bewusst wahrnehmen. Wir übersehen sogar unsere eigenen Zeichen der Liebe, wenn wir allzu sehr in der Kontrolle und den Sorgen gefangen sind.

Liebe, damit sie überhaupt bemerkt wird, braucht wie alles also Achtsamkeit – das Gegenteil von Achtlosigkeit. Energie folgt der Aufmerksamkeit, das wissen wir, und so wird die Liebe immer stärker, je bewusster wir ihr unsere Aufmerksamkeit schenken. Sie wird auch wilder und freier, wenn wir ihr mehr Raum geben, und das können wir alle gut gebrauchen.

Wir können oft genug eine ganze Litanei herbeten über das, was uns am anderen stört, und erst recht über die Male, in denen wir uns lieblos behandelt fühlten – aber damit verstärken wir diesen Eindruck nur immer mehr. Richten wir also unser Augenmerk auf die Liebe, auf den Ausdruck von Liebe und auf das Strahlen, das dadurch in unserem Leben entsteht. Ich bin sicher, es lohnt sich.

Über Achtsamkeit wird viel geschrieben, Achtsamkeit wird unterdessen geradezu erwartet. Doch was bedeutet das Wort eigentlich? Die Buddhisten meinen damit: sich darüber bewusst sein, was ich mit dem, was ich tue, bewirke und eventuell auch anrichte. Damit ich voller Mitgefühl in Bezug auf alles, was ich berühre, handeln kann. Dazu braucht es bewusste Aufmerksamkeit für den Moment – Achtsamkeit.

Was heißt das?

Wenn du weißt, was deine Handlungen im anderen bewirken und eben auch anrichten können, und wenn du dann noch entscheidest, ihm voller Liebe und Mitgefühl zu begegnen, dann braucht es Gewahrsein für den Moment. Für deine Liebesbeziehung bedeutet das: Je bewusster du dir dessen bist, was du durch dein Verhalten im Partner berührst und auslöst, und je mehr du mit deiner Aufmerksamkeit im Moment bist, also mitbekommst, was gerade geschieht, desto bewusster kannst du dafür sorgen, dass sich dein Gegenüber geliebt und wertgeschätzt fühlt.

Achtsamkeit ist die Bereitschaft, die wirkenden Energien in all ihren Facetten wahrzunehmen, anzuerkennen und zu deiner Handlungsgrundlage zu machen. Allerdings nicht, sie zu kontrollieren!

Der Begriff erklärt sich ganz von selbst, wenn du dir das Gegenteil von Achtsamkeit, nämlich die Unachtsamkeit, vor Augen führst. Unachtsam wollen wir alle nicht sein, und so bleibt eben nur die Achtsamkeit.

Dazu müssen wir uns aber erst einmal dessen bewusst werden, welche Auswirkungen unser Verhalten hat, sonst können wir es ja nicht ändern und gegebenenfalls anpassen.

In diesem Buch möchte ich dir deshalb die verschiedenen Ausdrucksformen der Liebe vorstellen, dir zeigen, was sie bewirken und wie wir lernen können, nicht nur unsere eigene, sondern auch die Sprache des Partners zu verstehen. Besonders möchte ich dir zeigen, wie du ein Magnet für Liebe wirst, ein Magnet, der sowohl Liebe aussendet als auch empfängt. Dazu rufen wir die oder den Liebende/n in dir, einen ganz besonderen Aspekt deines menschlichen Seins, der weiß, wie man hier auf Erden liebt. Wozu das? Dein Herz weiß es doch, oder? Der Engel in dir, wenn du an so etwas glaubst, weiß es auch. Aber auf der Erde kommt Liebe nicht immer geschniegelt und gebügelt oder mit Engelsflügeln daher. Es braucht einen Anteil, der entschlossen genug ist, auch dann zu lieben, wenn er sich dafür die Hände schmutzig machen muss oder verletzt wird.

Zu lieben und *sich lieben zu lassen* macht ungeheuer verletzlich, und wir brauchen, um wahrhaft Liebende zu sein, ein wildes und mutiges Löwenherz.

So – gibt es in dir den menschlichen inneren Liebenden, den Geliebten? Fühlst du ihn, den Liebenden in dir? Oder bleibt Liebe für dich eher eine Idee, eine Illusion oder etwas, das sowieso unerreichbar oder zumindest nie ganz erfüllt ist? Denn der Liebende in dir hat einen mächtigen Gegenspieler: deine Vorstellung von Liebe. Das, was dir Bücher, Filme und Liebeslieder als Liebe verkaufen wollen, ist oft eher unerfüllte Romantik oder eine Idealvorstellung als echte Liebe. Auch die Bitterkeit und die Enttäuschung sind machtvolle Kontrahentinnen der echten Liebe.

Wir haben also den inneren Liebenden, den Teil, der echte Liebe erkennt und in der Lage ist, sie zu zeigen und auch zu erkennen und anzunehmen – das wilde Löwenherz. Und wir haben die Illusion über Liebe, die Vorstellung. Den hoffnungslosen Romantiker, die Märchenprinzessin, den Traumtänzer. Das Herz aus Zuckerwatte, süß, klebrig und total unbrauchbar, weil es nicht nährt. Die meisten von uns tragen beides in sich. Doch wir haben das Löwenherz verpanzert, es gesichert, mit Stacheldraht versehen, damit uns ja keiner mehr berührt und verletzt. Das rosaschaumige Zuckerherz stellen wir dagegen offen zur Schau, damit wir nicht ganz so bitter daherkommen.

Wir sind so berührbar! Aber nur, wenn es nicht darauf ankommt. Unseren wahren Schmerz machen wir tapfer lächelnd mit uns selbst ab.

Dabei müsste er womöglich gar nicht sein, der Schmerz. Schauen wir auf die Mittel, mit denen wir unsere Liebe zeigen.

Denn wenn wir erkennen und auch anerkennen, dass unsere Art, Liebe auszudrücken, vom anderen womöglich gar nicht als Ausdruck von Liebe verstanden wird, dann haben wir ein wundervolles Werkzeug, um das zu ändern!

Nicht unseren Ausdruck von Liebe. Aber unseren Umgang mit dem geliebten Partner.

Eines vorweg. Es gibt ein paar wesentliche Voraussetzungen dafür, dass eine Beziehung überhaupt einen fruchtbaren Boden hat, der durch die Ausdrucksweisen der Liebe genährt werden kann.

Dazu gehört unbedingt die Treue. Wenn ihr eine Beziehung miteinander eingeht, dann solltet ihr radikal ehrlich darüber sprechen, was euch wichtig ist, wie ihr euch diese Beziehung vorstellt und was ihr euch wünscht, was für euer Glück wesentlich ist. Dabei darf und sollte jeder gehört und ernst genommen werden. Treue meint nichts anderes, als dass sich beide an das halten, was verabredet ist. Deshalb muss es für beide passen. Wie eure Form der Treue aussieht, geht niemanden etwas an, aber ihr beide solltet euch einig sein und entsprechend handeln. Damit eine Beziehung reifen kann, braucht sie einen sicheren Rahmen, denn ihr öffnet euch weit und macht euch sehr verletzlich. Klare Verabredungen, an die ihr euch haltet, emotionale Aufrichtigkeit und die Bereitschaft, die Beziehung immer wieder an die sich verändernden Umstände anzupassen, sind die Grundvoraussetzungen dafür, dass eure Liebe lebendig bleibt. Und dennoch kann es leicht passieren, dass sich ein nörgelnder oder gereizter Unterton einschleicht, dass ihr nicht mehr miteinander redet, eure Beziehung vernachlässigt, obwohl ihr euch liebt. Deshalb dieses Buch. Es möchte euch Werkzeuge geben, mit der ihr das, was so wunderschön zwischen euch fließt, lebendig und freudvoll erhalten könnt.

Vor einigen Wochen hörte ich zum ersten Mal von den »Fünf Sprachen der Liebe«, und ich war total begeistert. Ich hatte das Gefühl, da hat einer einen echten Schatz entdeckt, und ich wollte unbedingt mehr darüber wissen. Also verschlang ich die Bücher, die darüber geschrieben worden sind, und mir gingen etliche Lichter auf. Was ist das für ein unermess-liches Geschenk, zu verstehen, was ich tun muss, damit ein geliebter Mensch meine Liebe erkennt! Wie viel mehr Liebe könnte ich zeigen, wenn ich nur wüsste, auf welche Weise der andere diese Liebe fühlen würde! Und wie wertvoll ist es, zu wissen, auf welche Weise ich selbst Liebe erlebe und zeige, egal, ob meinem Kind, meinem Tier, der Menschheit, Gott, meinem Partner, Freunden oder den Eltern. Diese Erfahrung wollte ich unbedingt gekoppelt mit dem, was ich selbst über Beziehungen erfahren habe, weitergeben. Dieses Buch spie-gelt meine persönliche Wahrnehmung. Hast du eine andere, dann stimmt für dich natürlich deine. Dennoch möchte ich dir meine Sicht der Dinge anbieten, und sei es, dass du genau dadurch, dass sie dir womöglich nicht stimmig erscheint, zu deiner bewussten Sicht der Dinge kommst. Es mag sein, dass auch diese fünf Sprachen wieder nur ein Konzept sind. Na-türlich sind sie das. Dass dieses Konzept aber sehr hilfreich ist, habe ich am eigenen Leib erfahren. Doch es gibt bereits eine Menge Bücher über die Sprache der Liebe, und ich tue mich schwer damit, noch eins zu schreiben, denn ich will ja nicht abschreiben. Also bat ich um einen »höheren Auftrag«, ich bat darum, zu erkennen, welcher Kraft dieses Buch dienen möchte. Ich schloss die Augen, und auf der Stelle vernahm ich eine Art Summen und Brausen um mich herum, ein unfass-bar starkes Energiefeld.

»Ich bin die Liebe«, hörte ich, »ich bin die gelebte, offenbare Liebe. Ich zeige mich auf der Erde in sehr vielen verschiedenen Formen. Es braucht Bewusstsein für diese Formen, damit ihr aus der Sprachlosigkeit erwacht. Ihr liegt wie Dornröschen im Schlaf, könnt eure Liebe nicht in all ihrer Schönheit und Kraft zeigen, spürt sie nicht, wenn ein anderer sie euch offenbart. Ich möchte zur Erde strömen und alles erfüllen, doch es braucht neben der geistigen und emotionalen Absicht auch eine Handlung, in die ich einströmen kann. Gedanken, Absichten und Gefühle reichen auf Erden nicht, um etwas zu bewegen, es braucht auch Handlungen, und so möchte ich darum bitten, euch Rituale zu erschaffen, durch die ich auf Erden in all meiner Kraft wirken kann. So, wie ihr eure Liebe zeigt, so zeigt ihr eure gesamte Seelenenergie, so verwirklicht ihr euch hier auf Erden. Jede Sprache der Liebe hat eine andere Frequenz, bewirkt etwas anderes im Energiefeld, bei dir und bei anderen.«

Aha! Jede Sprache der Liebe bewirkt etwas anderes, hat eine andere Absicht. Was sagt das über unseren Seelenplan aus, wollte ich wissen, gibt es da einen Zusammenhang?

»Deine Seele ist bestrebt, Erfahrungen über das Menschsein zu sammeln – deine Art, Liebe zu zeigen, ist die Antwort auf die Erfahrungen mit dem Menschsein, die du gemacht hast. Je nachdem, welcher Aspekt des menschlichen Lebens dir als besonders wichtig oder auch schwierig vorkommt, fließt deine Liebe als tatkräftige Unterstützung, als Ermunterung, als Trost und Geborgenheit, dem Angebot von Verschmelzung mit dem Partner oder als Erinnerung an die Fülle des Lebens zur Erde. Deine Seele weiß, auf welche Weise sie ihr eigenes Menschsein nähren, unterstützen und begleiten kann, und diese Energie gibt sie auch an andere weiter. Deine Art, Liebe zu zeigen, spiegelt auch deine eigenen Themen, das, was deine Seele auf Erden erleben, erfahren und weitergeben möchte. Je freier du bist, dich auf verschiedene Weisen zu zeigen, desto mehr kannst du bewirken, desto tiefer kannst du andere berühren und dich berühren lassen.«

Ich möchte dir mit diesem Buch also Wege zeigen, durch die du immer mehr von deiner Seele und deiner Liebe in deinem Leben verwirklichen kannst. Und sei es, damit du vielleicht deinen ganz eigenen Weg findest. Besonders wichtig aber ist es, dass du auch die Wege deiner bzw. deines Liebsten kennst, denn ihre/seine Sprache ist womöglich eine ganz andere als deine. Vielleicht wertest du sie geradezu ab, findest sie nicht nachvollziehbar. Damit ihr euren Weg der Liebe gemeinsam gehen könnt, braucht ihr die Bereitschaft, auch den Weg des anderen anzuerkennen und zu fühlen. Ihr begleitet euch gegenseitig auf euren jeweiligen Wegen, verstehst du das Bild? Stell dir vor, du verstündest die Sprache der Liebe deines Partners, deiner Eltern, deiner Freunde, deiner Kinder oder auch deine eigene, wie viele Schlüssel zum Glück hieltest du auf einmal in den Händen! Du kannst dein Umfeld tatsächlich glücklich machen, indem du seine Liebessprache zu sprechen lernst. Und dich gleich mit dazu. Denn dadurch kannst du den Menschen das geben, was sie wirklich brauchen. Und du nimmst ihre Liebe an, egal, in welcher Form sie daherkommt, weil du alle Formen kennst und verstehst.

Bestehst du darauf, nur auf deine Weise zu lieben und geliebt zu werden, dann siehst du vier Fünftel der *Liebesbezeugungen* in deinem Umkreis gar nicht!

Dazu ein Beispiel:

Ich komme nie so richtig an meine Mutter heran, irgendwie scheint sie mir wie in einer Art Hülle zu leben, aber meine Sehnsucht danach, sie zu erreichen, ist groß, und ich habe immer irgendwelche diffusen Schuldgefühle, weil ich ihr meine Liebe nicht richtig zeigen kann. Zumindest glaubte ich, dass ich es nicht kann. Bis mir klar wurde: Sie spricht die Sprache des Lobes. Ich spreche die Sprache der Hilfsbereitschaft. Ich mache andauernd etwas für sie und zeige ihr damit, dass ich sie liebe, aber irgendwie scheint es nicht richtig anzukommen, also bin ich frustriert. Sie fühlt sich sogar manchmal überrannt von mir, was mir dann wieder Schuldgefühle macht. Ehrlich gesagt verstehe ich das sehr gut. Denn weil ich sie mit meiner Hilfsbereitschaft nicht so erreiche, wie ich das gern würde, mache ich das, was wir immer machen, wenn uns jemand nicht versteht – wir sprechen lauter. Ich helfe ihr also mehr. Das ist, als würdest du einem Ausländer dein Deutsch ins Ohr brüllen, statt es mal mit Englisch zu probieren … Nicht sonderlich zielführend. Es fällt ihr aber ganz leicht, mich zu loben, sie findet toll, was ich mache, und sagt mir das auch. Da ich nicht bei meiner Mutter aufgewachsen bin und Lob definitiv nicht die Sprache meines Vaters ist (es ist wie meine die Hilfsbereitschaft, und deshalb fühle ich seine Liebe sehr viel tiefer als die meiner Mutter), habe ich das all die Jahre nicht erkannt. Ich habe es sogar abgewiegelt, nicht ernst genommen. Ich habe es beinah, und ich schäme mich, das zu schreiben, aber es stimmt, als Ausdruck von Oberflächlichkeit empfunden, dass sie mich so oft lobt, statt mich konstruktiv und kritisch zu hinterfragen und mir zur Seite zu stehen, wenn ich etwas nicht weiß – eben wie mein Vater Hilfsbereitschaft zu zeigen! Gibt's das denn? Ernsthaft, ist das nicht absurd? Meine Mutter sagt mir, dass sie mich liebt, indem sie mich lobt, und ich kriege es nicht mit? Was für eine Verschwendung! Und auch sie spürt nicht wirklich, dass ich sie liebe, weil ihr das »Geholfen-Bekommen« oftmals zu viel wird. Dabei brauche ich sie nur zu loben, dann fühlt sie meine Liebe. Klingt das zu einfach? Oder gar manipulierend? Nun, vielleicht ist es aber so einfach. Vielleicht braucht es wirklich nicht viel, um uns gegenseitig zu erreichen. Wäre das nicht einfach fantastisch und aller Mühe wert?

Wie viel weniger *Schuldgefühle* hätten wir, wenn wir unsere Liebe so zeigen könnten, dass sie auch ankommt!

Dieses schale Gefühl, nicht alles gesagt, den anderen nicht wirklich berührt zu haben, könnten wir uns endlich sparen. Und wie viel häufiger würden wir uns geliebt fühlen, wenn wir auch die anderen Sprachen sprächen …

Natürlich habe ich, nachdem ich das verstanden habe, sofort damit angefangen und bin glücklich, dass ich meiner Mutter in ihrer Sprache zeigen kann, wie viel sie mir bedeutet.

Ein weiteres Beispiel, ganz und gar alltäglich und doch so tragisch:

Eine Seminarteilnehmerin erzählte weinend, ihr Vater hätte ihr nie seine Liebe gezeigt, ihr würde ein ganz großes Stück seiner Unterstützung fehlen. Er hätte sie nie gelobt, kaum in den Arm genommen, hätte nie etwas mit ihr unternommen. Ihr inneres Kind war nicht zu halten, so sehr weinte sie. »Ich hab eine Frage an dich«, sagte ich, denn auch wenn ich ihren Schmerz sah, etwas stimmte nicht daran, ich nahm ein Ungleichgewicht wahr. Ich weiß, wie es sich anfühlt, wenn echte Verlassenheit und Einsamkeit im Raum schweben, und das hier war anders.

»Was hat er denn gemacht, dein Vater, wo war er?« »Arbeiten«, schluchzte sie. »Er hat die Familie ernährt?«, fragte ich zurück, um sicher zu sein. Sie nickte nur. Ihr Tränenstrom begann bereits zu verebben.

»Er hat dafür gesorgt, dass du zu essen hattest, dass du zur Schule gehen konntest, dass du bekamst, was du brauchtest?«, fragte ich wieder. Sie nickte und schaute mich aufmerksam an. »Dann darfst du jetzt spüren, wie sehr er dich liebt«, sagte ich ein bisschen streng. »Er ist ein Mann. Vor allem aber ein Vater. Er schützt das Außen. Er sorgt für die Familie. Er zeigt seine Liebe durch das, was er für dich tut, dadurch, dass er Wachstum ermöglicht. Weil er nach Außen gegangen ist, weil er bereit war, die Familie allein zu lassen, konntet ihr euch im Innern entfalten. Verstehst du das? Männer gehen nach außen, um dafür zu sorgen, dass die Familie sicher und geschützt bleibt. Wer weiß, wie hoch der Preis für ihn war, um das zu tun.«

Sie hörte auf zu weinen und fühlte sich zum ersten Mal von ihrem Vater geliebt. Auf der Stelle, noch während des Seminars, begann sie, ihm einen Brief zu schreiben. Nicht um ihm zu vergeben, das wäre überaus anmaßend gewesen, sondern um Danke zu sagen.

Ich weiß, dass auch Mütter nach außen gehen, natürlich, bitte nimm das Beispiel als das, was es ist.

> Die Liebe kann nichts dafür, wenn du sie nicht *erkennst,* sie passt sich dir nicht an, sondern kommt, *wie sie eben ist.* Deshalb ist es klug, ihre Ausdrucksweisen zu studieren.

So einfach ist es oft. Die Seminarteilnehmerin konnte die Liebe nicht spüren, weil Kinder es als selbstverständlich nehmen, versorgt zu werden. Das dürfen sie, und das sollte es auch sein. Deshalb ist es aber nicht weniger liebevoll. Der Schmerz darüber, dass der Vater oft nicht da war, blieb und durfte durch Trost geheilt werden. Aber dass er sie nicht liebte, war nicht wahr. Durch diese Erkenntnis bekam der Schmerz eine angemessene Dimension, das emotionale System der Klientin konnte ihn verarbeiten, er wurde überschaubar und real.

Im Systemischen Familienaufstellen gibt es den Slogan »*Anerkennen, was ist*«. In dem Moment, in dem du anerkennst, was ist (nicht gutheißt, sondern einfach nur wahrhaben willst), beginnt bereits die Selbstheilung. Eine höhere Ordnung greift und stellt ein neues Gleichgewicht her.

Einführung

Lieber Leser, gestern saß ich mit Freundinnen beim Kaffeetrinken, und wir sprachen – natürlich über Liebe.

»Kennt ihr denn die fünf Sprachen der Liebe?«, fragte ich. »Ein Therapeut namens Gary Chapman sagt, man könne seine Liebe durch fünf verschiedene Ausdrucksweisen zeigen:

Zweisamkeit,

Loben, Anerkennen, Mut machen,

Herzensgeschenke,

Zärtlichkeit,

Hilfsbereitschaft.

Und wer weiß, vielleicht gibt es noch ein paar andere.«

»Also ich lobe meinen Mann schon lange nicht mehr«, sagte eine der Frauen, »aber ich wüsste auch nicht, wofür. Dafür sind meine Ansprüche einfach zu hoch. Sie steigen immer weiter. Und die anderen Sachen …«

»Hm«, sagte ich und kam mir ein bisschen blöd vor, ich wollte nicht besserwisserisch sein, »hm, für deine steigenden Ansprüche kann er doch aber nichts, oder?«

»Nein«, nickte sie nachdenklich, und dann schaute sie mich direkt an. »Wozu soll ich ihn loben, bin ich etwa für sein Selbstwertgefühl verantwortlich?« Das saß. Und mir wurde einiges über ihre Beziehung klar.

»Das bist du natürlich nicht, aber wenn du ihn liebst, dann ist es schon sinnvoll, ihm das auch zu zeigen, es muss ja nicht durch Loben sein, oder?« sagte ich.

»Hm«, nickte sie wieder. Dann runzelte sie die Stirn. »Die anderen Sprachen nutze ich allerdings auch nicht!« Wir lachten, und ich sagte: »Nun, irgendeine davon solltest du vielleicht mal ausprobieren, es könnte nicht schaden …«

»Wenn ich nur wüsste, wie«, sagte sie. Und nun nickte ich, denn ich wusste, was sie meinte. Es braucht immer zwei. Einen, der die Sprache spricht, und einen, der sie versteht. Und es braucht eine wesentliche Voraussetzung: dass beide den Dialog überhaupt wollen.

Die babylonische Sprachverwirrung, die uns Gott oder wer auch immer auferlegt hat, wirkt so nachhaltig und dramatisch, dass man sich ernsthaft fragen kann, wie Liebe überhaupt eine Chance bekommt. Denn es gibt nicht nur die besagten fünf verschiedenen Ausdrucksformen der Liebe. Die, wenn man sie nicht kennt, durchaus sehr missverständlich sein können, im Zweifel alles andere vermitteln als »Ich liebe dich«. Männer und Frauen sprechen noch dazu von Natur aus auf verschiedene Weise. Männer nutzen in erster Linie die Sprache der Tat, Frauen die Sprache der Fürsorge.

Was meine ich damit?

Wenn dir ein Mann zeigen will, dass er
für dich da ist, dann erledigt er in der Regel etwas für dich. Er fühlt sich selbst über das, was er
macht, über eine Handlung, und so gibt er auch
seine Liebe über eine Handlung nach außen. Er
gibt dir sein Feuer, seine Tatkraft. Er will dein Herz
befruchten, indem er dir durch seine Handlungen
Freude bereitet – wenn er dich liebt.

Die größte Freude des liebenden Männlichen ist, dass es das,
was es liebt, hüten und schützen darf, aber, das ist wesentlich:
auf seine Weise. Hat es nicht die Chance, dich zu erfreuen,
dann wendet es sich nach einer Weile ab.

Wenn dir eine Frau zeigen will, dass sie
für dich da ist, dann nährt sich dich in der Regel.
Indem sie dir zuhört, für dich da ist, dir ihre Sicht
der Dinge vermittelt. Sie gibt dir die Schätze, die
sie in ihrem Inneren trägt und hütet, und lässt
dich daran teilhaben.

Das Weibliche ist bestrebt, alles, was es liebt, so lange wie
möglich gesund und am Leben zu halten. Das bedeutet: Es
wird auf dessen Gesundheit achten, darauf, dass es gut für sich

sorgt, und wenn es das nicht selbst tut, dann übernimmt das Weibliche die Fürsorge für es. Die größte Freude des Weiblichen ist es, die Erlaubnis zu haben, das, was es liebt, auf seine Weise mit Fürsorge zu nähren. Nimmst du als Mann seine Nahrung nicht an, so wird es sich auf die Dauer abwenden.

Wie auch immer du das wahrnimmst, es ist hilfreich, anzuerkennen, dass Männer und Frauen die Dinge tatsächlich von unterschiedlichen Seiten aus und auf unterschiedliche Weise sehen. Das ist auch sinnvoll, denn nur der gemeinsame Blick ergibt das Ganze. Selbstverständlich kannst du als Frau auch die männliche Sprache sprechen und umgekehrt. Wichtig ist mir, dass du diese unterschiedlichen Ausdrucksformen verstehst, einfach, weil es sie gibt, egal, welche du nutzt.

Wenn zwei Menschen unterschiedliche Sprachen sprechen, dann kann es durchaus sein, dass sie ihre Liebe zueinander nicht erkennen. Sie macht ihm Herzensgeschenke, er fühlt sich gekauft, weil seine Mutter ihm immer Geld in die Hand drückte, statt für ihn da zu sein. Er macht ihr Mut, lobt sie, stärkt ihr den Rücken, und sie meint, dass er sie in Wahrheit manipulieren will. Sie kann Lob nicht annehmen, schämt sich, weil sie als Kind entweder nie gelobt oder zu oft gelobt wurde, auch für Dinge, die sie schon lange konnte. Auch Lob kann sich abnutzen. Sie wünscht sich, dass er ihr Blumen mitbringt, weil sie Liebe über kleine Geschenke am besten spürt, er möchte ihr Zärtlichkeit geben, weil er die körperliche Sprache der Liebe spricht, sich gern ankuschelt und mit kleinen Berührungen den Fluss der Liebe stärkt und signalisiert. Sie fühlt sich sexuell bedrängt. Sie ist hilfsbereit, will für ihn da sein und gibt ihm damit das Gefühl, dass sie ihm nichts zutraut.

In einem ziemlich heftigen Streit, den ich mit meinem Partner hatte, rannte er plötzlich aus dem Haus und begann, Schnee zu schippen. »Er entzieht sich!«, hätte ich schreien können, aber nein. Er zeigte mir seine Liebe durch seine Hilfsbereitschaft. Immer dann, wenn ihm die Wort fehlen, tut er etwas für mich. Er sagt damit: »Ich bin da, ich bleibe da, ich weiß nicht mehr, wie ich dir sagen soll, dass ich für dich da bin, also zeige ich es dir.« Und weil er ein Mann ist, zeigt er es mir durch eine konkrete Tat. Er schützt, er sorgt dafür, dass das Außen stabil und sicher bleibt. Wenn ich hilflos werde, dann gehe ich einkaufen und koche etwas. Oder ich helfe ihm auf andere Weise. Ich sorge für ihn, ich nähre ihn. Hilfsbereitschaft in Form von Fürsorge ist meine Sprache der Liebe. Ich sorge für ein gemütliches Zuhause, weil ich es liebe, das zu tun. Ich versorge gern, damit die Menschen, die ich liebe, die Hände frei haben, damit sie Kraft für das, was ihnen wichtig ist, schöpfen können. Das ist meine Art von Hilfeleistung. Ich hüte den Raum, den ich als Frau umhülle, das Innen. Ich sorge dafür, dass alle, die ich umhüllen darf, so gesund und genährt sind, wie es mir möglich ist und wie sie es erlauben. Das ist die weibliche Form der Liebe. Natürlich können Männer auch weibliche Formen zeigen und Frauen männliche, ich schreibe das nur zur Unterscheidung. Denn wir Menschen sprechen nicht nur unterschiedliche Sprachen, sondern nutzen auch noch unterschiedliche Schriftformen, männliche und weibliche.

Mike und ich haben das große Glück, dass wir die gleiche Sprache sprechen, deshalb verstehen wir uns auf einer sehr wesentlichen Ebene ohne Worte. Eine gute Freundin dagegen spricht die Sprache der Geschenke. Sie macht eine ganze Menge für mich, man könnte es für Hilfsbereitschaft halten. Sie lädt mir Musik und Hörbücher auf den iPod, wenn ich lange Autofahrten habe, sie steht jederzeit zur Verfügung, wenn etwas mit meinem PC nicht funktioniert. Doch was ich aus Hilfsbereitschaft tun würde, tut sie, um mir ihre Zeit zu schenken und mir eine Freude zu bereiten. Ihr Partner hat es nicht leicht mit ihr, denn er spricht die Sprache der Zweisamkeit. Er wünscht sich nichts sehnlicher, als gemeinsame Zeit mit ihr zu verbringen, egal, was sie dann tun, doch das bedeutet ihr nicht viel. Sie erkennt den Wunsch nach gemeinsam verbrachter Zeit und sein entsprechendes Angebot an sie nicht als Ausdruck von Liebe an, sondern als Forderung. Er dagegen versteht nicht, dass sie ihm ihre Liebe zeigt, indem sie ihm zum Beispiel mit dem PC hilft und ihm damit ihre Zeit schenkt.

Und so weiter. Jede dieser Sprachen der Liebe kann durchaus auch Ausdruck für ungesundes, süchtiges Verhalten sein. Übertriebene Hilfsbereitschaft sieht sehr nach Coabhängigkeit und Bemuttern aus. Der allzu große Wunsch nach Zweisamkeit klingt nach Klammern. Der überzogene Wunsch nach Zärtlichkeit hat den Beigeschmack von Sexsucht. Machst du zu oft zu große Geschenke, ruinierst du dich finanziell und wirst schnell ausgenutzt. Und wenn du jemanden zu überschwänglich und wahllos lobst, dann wirkt es, als machtest du dich selbst an seiner Seite kleiner, als du bist. Ich sage Ja. Babylonische Sprachverwirrung. Die Sprache der Liebe ist wie unsere emotionale Muttersprache, das, was wir als Kind gelernt haben. Zugleich ist sie unser Seelenausdruck und, wenn du das so sehen möchtest, auch der Auftrag, den wir im Namen der Engel erfüllen. Die anderen Sprachen zu lernen ist unsere Herausforderung. Im schwierigsten Fall ist unsere Sprache der Liebe schmerzhaft und verdreht, wir verhalten uns eher vermeidend als liebend, stellen aus Angst, verletzt zu werden, unsere Stacheln auf, statt uns hinzugeben, wir radebrechen, statt uns flüssig auszudrücken, und dann wundern wir uns, warum wir immer die gleichen unerfüllten Partnerschaften eingehen. Oder schon im Ansatz scheitern.

Wenn wir nicht wissen, welche Sprache der Liebe unser inneres Kind spricht, welche wir als Ausdruck von partnerschaftlicher Liebe anerkennen, in welcher Sprache wir selbst kommunizieren, welche Sprache wir uns antrainiert haben und welche wir nicht aushalten können, dann sind wir nicht frei, unsere Liebe ganz leicht und einfach am Fließen zu halten. Viele Paare trennen sich, obwohl sie sich lieben, weil sie nicht mehr zueinanderfinden. Man möchte den alten Friedensaufruf herausholen: Make love, not war!

Wir sind so verletzt, weil wir die Liebe nicht spüren, wir erwarten so viel vom anderen und haben gleichzeitig das Gefühl, so viel zu geben und so wenig zu bekommen. Wir sind müde, erschöpft, wir haben uns im Namen der Liebe verausgabt, weil wir viel zu viel Verantwortung übernommen oder uns selbst immer wieder hintangestellt haben. Unser Liebeskonto ist leergeräumt, längst hoffnungslos überzogen.

Unterdessen sind die Fronten verhärtet, wir schreien in unserer Sprache auf den anderen ein, doch er hört uns nicht. »Liebst du mich überhaupt noch?«, wollen wir fragen und verkneifen uns die Frage doch, weil wir nicht bedürftig daherkommen möchten.

Wie oft beschwichtigen wir uns selbst, wie oft vermuten wir hinter unserer Unsicherheit einen Mangel an Selbstliebe? »Würde ich mich nur selbst mehr lieben, dann könnte es auch mein (oder überhaupt ein) Partner tun ...« »Das ist klar, dass er mich nicht liebt, weil ich mich ja selbst nicht liebe ...« Das stimmt alles. Aber nicht nur.

Irgendwann hat uns unser Partner im Laufe der Jahre verletzt. Irgendwann hat er uns enttäuscht. Genauso wie wir ihn. Irgendwann haben wir aufgehört, uns die Mühe zu machen, die Sprache des anderen zu sprechen. Irgendwann sind wir unachtsam geworden, haben begonnen, den andere beinahe als selbstverständlich zu sehen, oder haben vergessen, wie wertvoll es für uns ist, diesen Menschen an unserer Seite zu wissen.

Deshalb ist Achtsamkeit der Schlüssel.

Denn weißt du das überhaupt noch? Ist dir klar, dass dein Partner *freiwillig* bei dir ist und jederzeit gehen kann? Dass er dir seine Lebenszeit zur Verfügung stellt, seine Tatkraft, sein ganzes Sein?

Aus Liebe? Und dass du das Gleiche tust? Ihr könnt euch jederzeit trennen, jederzeit eigene Wege gehen. Bleibt ihr aber zusammen, weil ihr das wollt, weil ihr euch liebt, dann darf diese Liebe auch so üppig fließen wie nur möglich.

Und dazu gehört, zu wissen, wie dein Partner deine Liebe erkennen kann und wie du selbst sie zeigst.

Hier möchte ich dich und deinen Partner abholen. Ich möchte euch mit diesem Buch die verschiedenen Ausdrucksformen zugänglich machen, euch damit versöhnen und euch zeigen, wie man bereit wird, die Sprachverwirrung zu überwinden. Ich möchte euch viele verschiedene Möglichkeiten, Übungen und Meditationen geben, mit denen ihr die Liebe zwischen euch noch besser zum Ausdruck bringen könnt. Damit du nicht immer wieder unerfüllt, merkwürdig traurig und dich schuldig fühlend nach Hause gehst, weil deine Liebe irgendwie nicht ankommt. Damit du nicht noch lauter schreien musst und doch scheiterst. Es kann sein, dass du erkennst, deine Liebe ist nie gesehen worden. Du bist womöglich nie in der Sprache angesprochen worden, die die deine ist. Umso wichtiger ist es, das endlich zu tun – denn in allererster Linie zeigen wir uns durch unsere ureigene Sprache der Liebe selbst, dass wir uns lieben.

Was aber, wenn der Partner nicht bereit ist, in deiner Sprache der Liebe zu kommunizieren? Gibst du nicht schon genug?

Beginnst du nicht sogar, es ihm recht zu machen, wenn du nun seine Bedürfnisse erfüllst, dich also so verhältst, wie er es sich wünscht? Manipulierst du ihn nicht geradezu, wenn du versuchst, dich so zu verhalten, dass er deine Liebe erkennt? Müsste er sie nicht spüren? Der Urheber dieser Theorie sagt dazu ganz eindeutig: Wenn dein Partner nicht deine Sprache spricht, dann sprich du seine. Tue das einige Wochen lang, dadurch erreichst du Versöhnung und erlangst sein Vertrauen. Irgendwann wird dein Partner wieder offen für dich sein, und dann wird er deiner Bitte, dir in deiner Sprache zu begegnen, entsprechen. Was aber, wenn du selbst gar nicht in der Lage bist, die Sprache deines Partners zu sprechen, wenn sie dir einfach nicht geläufig ist oder gar zuwider?

Nun, du liebst deinen Partner, sonst wärst du ja nicht mit ihm zusammen. Und da gibt es diesen überstrapazierten Begriff der Bedingungslosigkeit. Wollen wir in diesem Buch einmal nicht allzu innig darauf eingehen, weil ich oft darüber schreibe, aber eins sollten wir schon verstehen: Wenn du eine Bedingung stellst, WIE dein Partner dich lieben soll, dann nimmst du ihn schlichtweg nicht so, wie er ist. Und dann passt es womöglich nicht.

Bedingungslose Liebe bedeutet selbstverständlich nicht, dass du dir alles gefallen lassen musst, aber es bedeutet schon gar nicht, vom anderen zu erwarten, dass er sich ändert, damit du besser klarkommst.

Wie wäre es, wenn du dich öffnest?

Denn kann es nicht sein, dass du genau diesen *Partner* gewählt hast, weil sich in dir etwas entfalten, gar heilen will, weil eine dir bislang fremde Liebesprache von dir *erfahren und erlebt* werden möchte?

Und wenn du deinen Partner einfach einmal lässt, wie er ist, und dich selbst weiterentwickelst? »Aber das mache ich doch eh die ganze Zeit«, sagst du und schaust ein wenig verzweifelt drein.

Das glaube ich dir. Und du hast meine volle Anerkennung dafür. Wenn aber die Liebe nicht so fließt, wie sie könnte, dann dürft ihr beide etwas dazu beitragen. Und weil du dieses Buch liest, darfst du damit anfangen. Warum? Weil du deinen Partner liebst. Weil du ein Interesse daran hast, dass eure Liebe wächst. Weil du dafür verantwortlich bist, alles zu tun, was in deiner Macht steht, damit Liebe fließen kann. Eine noch fremde Liebessprache zu lernen steht bestimmt in deiner Macht. Und weil es einfach klug ist, das zu tun. Denn es ist dein Leben, das du mit dem Partner teilst, es ist deine begrenzte irdische Lebenszeit, die du verschwendest, wenn du traurig verstummst.

»Das Beziehungsgeflecht ist so kompliziert, so belastet, so verworren«, sagst du womöglich, »dass es sicher nicht damit getan ist, ihm ein kleines Lob auszusprechen. Und überhaupt, wer lobt eigentlich mich?«

Ich sage dir etwas: Wir lernen diese neuen Sprachen. Und gleichzeitig lernen wir, uns selbst unsere Liebe zu zeigen. Alles, was wir für unsere Beziehung zum Partner tun, tun wir auch für uns.

Und deshalb gebe ich dir gleich die erste Übung:

Übung

»Hab ich dir heute schon gesagt, dass ich dich liebe?« lautet ein Schlagertext, und ich gebe die Frage an dich weiter. Wenn ja – wie hast du es deinem Partner gezeigt? Nimm dir bitte etwas zu schreiben, und notiere ganz spontan deine Antwort zu folgendem Satz:

Ich zeige dir, dass ich dich liebe, indem ich …

Und, wie versprochen, folgt sofort der zweite Teil:

Ich zeige mir selbst, dass ich mich liebe, indem ich …

»Hab ich dir heute schon gesagt, wie schön du bist?« geht der Text des Schlagers weiter, und das kann man auf vielerlei Weise interpretieren:

Als Herzensgeschenk: Ich sehe deine Schönheit und schenke dir meine Aufmerksamkeit.

Als Zärtlichkeit: Du bist so schön, ich fasse dich gern an.
Als Lob: Du bist großartig, genau richtig, wie du bist, und ich bewundere dich dafür.
Als Ermutigung: Du bist ein Erfolg des Lebens.
Und sogar als Hilfsbereitschaft, nämlich dann, wenn die Geliebte oft an sich zweifelt.
Als Zweisamkeit: Ich nehme dich wahr und teile Zeit mit dir.

Aber was kommt an? Wünscht sie sich Zweisamkeit, dann nutzt ihr dieser Satz vielleicht gar nichts, sondern sie fühlt sich im schlechtesten Fall auf ihr Äußeres reduziert oder lediglich als Sexobjekt wahrgenommen. Findet sie sich selbst durchschnittlich, dann fragt sie sich womöglich, ob ihr Partner noch alle Tassen im Schrank hat. Oder sie versteht nur einen bestimmten Dialekt der Hilfsbereitschaft und möchte sagen: »Kerl, hör auf zu singen, und geh für mich Holz hacken!«
Ist das nicht verrückt?
Was lernen wir daraus? Es ist gar nicht so einfach, den Dialekt der Liebessprache zu erkennen. Denn nicht die Tat ist wesentlich, sondern die Absicht, die dahintersteckte. Warum ist das so wichtig? Weil unser Partner vielleicht den ganzen Tag nichts anderes tut, als uns zu sagen, dass er uns liebt. Genauso wie wir das tun. Doch wir reden aneinander vorbei, erkennen uns nicht. Deshalb werden wir uns auf den Weg machen und alle Sprachen der Liebe untersuchen, sie ausprobieren und

sprechen lernen. Besonders aber erkennen wir auf dem Weg, welche der Sprachen unser Partner spricht.

Denn nun kommt Teil drei der Übung:

Mein Partner hat mir heute gezeigt, dass er mich liebt, indem er ...

Schreibe bitte alles auf, was er heute für dich getan hat, ob und wie er dich berührt, angesehen, gelobt, beschenkt hat. Hat er dir zum Frühstück eine Tasse Kaffee einge- gossen? Hilfsbereitschaft oder Geschenk. Hat er mit dir reden wollen, also Zweisamkeit mit dir gesucht? Dir gesagt, dass du gut aussiehst, oder dich auf eine andere Weise gelobt? Hat er deine körperliche Nähe gesucht? Nun erinnere dich bitte, wie du reagiert hast. Hatte er denn eine Chance, dir seine Liebe zu zeigen?

Wenn dich jemand lobt und du wehrst das Lob ab, wie es so viele tun, dann prallt die Liebe ab, was für den Sender schmerzhaft ist. Wenn du dir nicht helfen lässt, weil du »das auch allein kannst«, dann erreicht dich der andere nicht mit seiner Liebe. Er wird hilflos, beginnt, sich Gedanken zu ma- chen, und fühlt sich nicht nur zurückgewiesen, sondern auch merkwürdig schuldig, sogar beschämt. Erkennst du den Wert eines Herzensgeschenkes nicht an, lässt du dich nicht umar- men oder streicheln, rennst du in der Wohnung herum, statt

»dich endlich mal dazuzusetzen«, dann steht der andere mit seiner Liebe machtlos da. Er erreicht dich einfach nicht. Das kennst du selbst sehr gut, aber erkennst du auch, dass du deinem Partner keine Chance gibst? Wir reagieren genervt, wenn wir uns genötigt fühlen, etwas anzunehmen, das wir in dieser Form nicht haben wollen, mir geht es da nicht anders. Ich habe genug Zeug, das in meiner Wohnung herumsteht, und erkenne deshalb manche Herzensgeschenke nicht als solche. »Nein, ich setze mich jetzt nicht dazu, ich koche grad Tee«, sage ich, oder: »Lass mich mal los, ich bin doch gerade am Putzen.« Ich fühle mich dann sogar noch aufgehalten, weil der andere nicht mithilft, sondern mir meine Zeit stiehlt, indem er mich umarmt. »Geht's noch?«, frage ich mich ernsthaft, seit ich mich mit diesem Thema befasse. Wie oft habe ich Liebe nicht erkannt und deshalb zurückgewiesen?

Das weißt du schon? Das nutzt dir aber nichts? Denn der Partner weigert sich, in deiner Sprache mit dir zu kommunizieren?

Das ist schwierig. Denn je mehr du forderst, desto mehr entzieht er sich, das ist nur natürlich. Der Ausdruck von Liebe kann nur freiwillig geschehen, sonst ist es schlichtweg keiner.

Dazu ein kleines, absolut lächerliches Beispiel, das aber ganz deutlich zeigt, was ich meine. Ich war mit zwei Freundinnen für ein paar Tage unterwegs. Eines Abends bat mich eine der Freundinnen um eine Gabel (ich habe meistens Besteck dabei, wenn ich unterwegs bin), sie hatte sich einen Salat bringen lassen, und die Plastikgabel war zerbrochen. Ich brachte ihr diese Gabel in ihr Zimmer. Am nächsten Tag packten wir unsere Sachen, um weiterzufahren. Sie gab mir die Gabel zurück, ich steckte sie ungesehen in meine Handtasche, der Koffer war schon zu. An einer Tankstelle griff ich in meine Handtasche, um nach dem Geldbeutel zu angeln, und – blieb an der Gabel kleben. Sie hatte sie mir schmutzig zurückgegeben. Eigentlich kein Drama, das kann passieren. Für mich aber, weil meine Sprache die Hilfsbereitschaft ist, war es eine mittlere Katastrophe. Ich zitterte am ganzen Körper, fühlte mich unsäglich ausgenutzt und einfach in keiner Weise ernst genommen. Warum? Weil sie etwas von mir forderte, nämlich dass ich ihr half, indem ich die Gabel abwusch, ohne dass ich es ihr erlaubt hatte. Klingt das albern? Möglich. Aber du kennst das, eine scheinbare Kleinigkeit macht dich verrückt, du bist zu Tode verletzt, und der andere weiß gar nicht, was du hast. Meine Freundin spricht die Sprache der Zärtlichkeit, die Gabel interessierte sie gar nicht, sie selbst hätte diese Unachtsamkeit mit einem Lachen weggesteckt. Ich sagte ihr, als ich das verstanden hatte: »Mir die schmutzige Gabel zurückzugeben und mir damit deine Hilfsbereitschaft zu verweigern oder meine auszunutzen ist so, als wolltest du mich umarmen, und ich würde dich zurückstoßen.« Damit war alles wieder gut, denn nun verstand sie mich – und ich sie.

Auch das kennst du: Du sagst zum Beispiel kurzfristig ein Treffen ab, weil du die Sprache des Lobes sprichst und es dir nicht wichtig ist, gemeinsam verbrachte Zeit zu zelebrieren. Du bist lieb und nett am Telefon, lobst, vermittelst Liebe, doch deine Freundin ist tödlich beleidigt. Und du weißt nicht einmal, was sie hat, denn dir darf man leicht und kurzfristig absagen. Immer dann, wenn ein anderer in deinen Augen unangemessen reagiert, hast du ihn im Bereich seiner Sprache der Liebe erwischt. Warum sind wir genau dort so verletzlich und empfindsam? Weil alle Signale auf Rot stehen, wenn wir uns ungeliebt fühlen. Das ist auch nur verständlich. Wir sind auf der einen Seite Raubtiere, doch wir sind auch Fluchttiere. Das Fluchttier in dir gerät in schiere Todesangst, wenn es aus der Herde ausgestoßen wird oder sich zumindest so fühlt. Liebesentzug, auch wenn er nur aus Versehen geschieht, ist so ein Auslöser.

Willst du das Fluchttier in deinem Partner erreichen und sein Vertrauen erlangen, so sprich ihn in seiner Liebessprache an, auch wenn du dir dabei komisch vorkommst oder das Gefühl hast, du machst doch sowieso alles für ihn. Das kann gut sein, aber er merkt es anscheinend nicht, also ist es nicht die richtige Sprache.

Liebe annehmen lernen

Um überhaupt Liebe erkennen zu können, egal, in welcher Sprache sie daherkommt, brauchen wir zwei wesentliche Instrumente: unser Löwenherz und unseren guten Willen, Liebe anzuerkennen. Wenn wir damit rechnen, sowieso ausgenutzt, bevormundet, manipuliert oder wieder verlassen zu werden, dann können wir die Liebe nicht sehen, selbst wenn sie in mit Rosen bestickten Seidenkleidern vor uns tanzt.

Es braucht also die *Bereitschaft,* überhaupt Liebe zu erkennen, sonst nutzen uns auch diese fünf Sprachen nichts.

Kannst du das? Glaubst du daran, dass dir jemand seine Liebe zeigt, glaubst du, dass du liebenswert bist? Erlaubst du dir überhaupt, Liebe zu brauchen?

Denn wenn nicht, hat niemand einer Chance, dir Liebe zu schenken.

So öffnen wir, bevor wir über die Sprachen der Liebe reden, zunächst einmal unser Herz, um sie überhaupt zu spüren. Denn sicherlich bist du sehr geübt darin, Liebe zu geben. Aber was ist mit der Herzkammer, in der du Liebe empfängst?

Wenn unsere Fähigkeiten, Liebe zu geben und Liebe anzunehmen, nicht im Gleichgewicht sind, dann bleiben wir immer im Mangel, egal, welche Fähigkeit besser ausgeprägt ist. Das Liebegeben übst du sicherlich oft, es ist eine wichtige spirituelle Disziplin. Möglicherweise trainierst du sogar das Sichselbst-Lieben und bist beinahe olympiareif geworden. All das nutzt dir aber gar nichts, wenn du Liebe nicht auch annehmen kannst! Sogar deine eigene Selbstliebe verpufft, wenn du sie nicht annimmst.

Warum ist das so? Weil wir als Menschen bipolare Wesen sind. Wir sind in unserem gesamten Wesen aufnehmend und abgebend zugleich, Yin und Yang, weiblich und männlich, das ist ganz wesentlich. Du nimmst auf, verarbeitest, gibst ab. Du atmest ein und aus, ganz einfach! Du lässt dich befruchten, inspirieren, von Gedanken, Ideen Ahnungen, Träumen. Du nimmst Energie in dich auf, gehst schwanger, sei es als Mann oder als Frau, und lässt dann, wenn die Zeit der Geburt naht, eine Handlung folgen.

Immer nur Liebe zu geben, sie aber nicht annehmen zu können, macht dich seltsam unberührbar und ist meistens nichts anderes als ein *Schutzmechanismus.*

Irgendwie fühlt es sich fast ein wenig herablassend an, so, als seiest du nicht so bedürftig wie andere, wenn du dich der Hingabe verweigerst. Eine Freundin schrieb mir neulich nach einer ziemlich schwierigen Auseinandersetzung eine E-Mail: »Ich bin hier, um zu lieben, nicht um geliebt zu werden.« Das klang schon beinah erleuchtet. Aber eben nur beinah. Vor allem klang es verletzt. Wenn du dir die Erfahrung, geliebt zu werden, nicht mehr erlaubst, weil du zu oft enttäuscht und verletzt wurdest, dann hat niemand eine Chance, nun seinerseits Liebe strömen zu lassen und damit eine Wechselwirkung zu erzielen. Du bleibst unberührbar und stehst damit für echte Nähe nicht zur Verfügung.

Ich kenne viele spirituell Suchende und Findende, die zwar üben, zu lieben, aber ihre eigene *Bedürftigkeit,* ihre eigene *Sehnsucht* nach Liebe mit spirituellen Phrasen übertünchen.

Mir gefällt das nicht. Ich will lieben, und ich will mit allen Sinnen erfahren, wie es ist, geliebt zu werden, auch wenn es mich verletzlich macht. Wäre das nicht menschlich, wäre das nicht in unserem System angelegt, dann würde es nicht so wehtun, wenn wir uns ungeliebt fühlen, oder? Lass dir nicht erzählen, die Fähigkeit zu lieben sei wertvoller als die Fähigkeit, Liebe anzunehmen. Beide Fähigkeiten bedingen einander. Zu lieben mag dich tiefer erfüllen als geliebt zu werden, aber überprüfe bitte, ob das nicht nur ein Trick deiner Schmerzvermeidung ist – denn du hast nur wenig Einfluss darauf, wie sehr du geliebt wirst. Liebe zu geben ist aktiv, das kannst du kontrollieren. Liebe anzunehmen dagegen bedeutet, dich hinzugeben.

Es öffnet dich. Die Fähigkeit, Liebe zu empfangen, macht dich verletzlich, bedürftig gar, und das wollen wir auf keinen Fall. So verpanzern wir unsere Sehnsucht nach Liebe und üben uns im Liebegeben. Das ist wichtig, natürlich. Aber es reicht nicht, um wirklich im Fluss zu sein. Ich erlebe Menschen, die immer nur Liebe geben wollen und das auch von sich selbst sagen, als seltsam abgehoben, als irgendwie entrückt, aber nicht auf eine gute Weise. Sondern so, als ließen sie niemanden mehr an sich heran. Und das macht sie noch viel bedürftiger, als wenn sie den Wunsch, geliebt zu werden, einfach zugeben würden. Diese Bedürftigkeit ist deutlich fühlbar, doch weil sie so sehr davon überzeugt sind, dass sie nur Liebe geben wollen, steht man ohnmächtig vor ihnen. Ich sag's hier ausdrücklich: Ich brauche es, zu lieben. Und ich brauche es, geliebt zu werden. Zunächst von mir selbst. Aber nicht nur.

Wenn dich das berührt, dann freue ich mich, wenn du mir in die nächste Übung folgst. Lernen wir also, Liebe anzunehmen, und stellen wir uns unserer Verletzlichkeit. Liebe ist viel zu kostbar, um sie nicht ganz tief in uns hineinströmen und uns von ihr nähren zu lassen. Was für eine Verschwendung von Liebesenergie, wenn wir sie nicht annehmen, uns nicht wahrhaftig berühren lassen!

Innere Reise:
Herzöffnung: Liebe empfangen

Mache es dir bitte ganz bequem, schließe deine Augen, falls dir jemand diesen Text vorliest.

Es gibt nichts mehr zu tun, du brauchst niemanden zu gefallen, du darfst dich voll und ganz entspannen. Dein Atem darf kommen und gehen, wie es ihm gefällt, alles an dir darf sein, wie es gerade ist. Atme ein paar Mal in dein Herz hinein, und fühle, wie ein Strom der Liebe aus ihm herausfließt. Nimm diesen Strom wahr. Ist er wie ein Ton, wie eine Farbe, wie ein Kraftstrahl, der alles, was er berührt, verwandelt? Möglicherweise fühlst du Weite, vielleicht aber auch Enge, wenn du dich so sehr auf dein Herz konzentrierst. Alles darf sein, wie es ist. Atme einfach weiter. Und nun erlaube dir, ein wenig zu träumen, innere Bilder zu sehen.

Vor deinem inneren Auge entsteht jetzt ein Tor, das du ganz einfach durchschreiten kannst. Du gehst hindurch und befindest dich in einer wundervollen Landschaft, in der du dich ausruhen und entspannen kannst. Du schaust dich um und bemerkst einen riesigen Baum, der dich so berührt, dir so viel Kraft gibt, wie du es noch nie gespürt hast. Vielleicht gibt es diesen Baum im realen Leben, vielleicht auch nicht – es ist genau der Baum, der dir jetzt Energie und Vertrauen schenkt. Du gehst zu dem Baum hin und setzt dich, lehnst dich an seinen Stamm. Und auf einmal ist es, als sinkest du in den Baum hinein, als strömtest du in seinen Stamm und in seine Wurzeln. Du erlaubst dir, mit dem Baum zu verschmelzen, und lässt dich durch die Wurzeln immer tiefer in die Erde hinabgleiten, tiefer und tiefer – bis du auf einmal irgendwo anzukommen scheinst. Der Baum gibt dich wieder frei, und du bist wieder ganz du selbst – du findest dich in einem wundervoll warmen, sehr angenehm leuchtenden Energiefeld wieder, einer Art Raum, einer Dimension. »Das ist das Herz der Erde«, weißt du auf einmal, es ist, als spräche eine Stimme in deinem Kopf zu dir. »Wenn du im Herzen von Mutter Erde bist, kannst du ganz leicht erkennen, wie es um dein eigenes Herz bestellt ist. Hier bist du sicher, von hier aus strömt reine Liebe in ihrer auf Erden fühlbaren Klangart, Farbe, Dimension in alle Lebewesen.« Weil du dich hier so sicher fühlst, kannst du dir erlauben, in dein eigenes Herz hineinzufühlen. Und so entsteht auf einmal ein inneres Bild deines Herzens, vielleicht ist es eine Höhle oder ein Haus, vielleicht etwas ganz anders – so, wie es für dich stimmig und passend ist. Bitte nun darum, dass du zunächst den Bereich deines Herzens, mit dem du Liebe gibst, als Bild sehen darfst. Wie sieht es aus, wenn du Liebe gibst? Wie fühlt sich das an? Darf die Liebe frei aus dir herausströmen? Lass dich für ein paar Momente lang erleben, wie du liebst, wie du andere und vielleicht auch dich selbst mit deiner Liebe berührst.

Und nun bitte darum, dass sich dir jener Bereich deines Herzens zeigt, mit dem du Liebe empfängst. Gibt es ihn überhaupt? Kann die Liebe auch hier frei fließen? Oder ist er verwinkelt und eng? Lass es einfach sein, wie es ist, schaue es dir nur an, und fühle, was du fühlst. Nach einigen Momenten erlaube, dass aus dem Herzen von Mutter Erde genau jene Energie in dein Herz hineinfließt, die du brauchst, um geheilt, um berührbar zu werden, die dein Herz braucht, damit deine Kräfte ins Gleichgewicht kommen. Erlaube, dass nun genau das geschieht, was nötig ist, damit auch die Herzkammer, mit der du Liebe empfängst, frei zugänglich wird. Die Liebe von Mutter Erde durchströmt dein Herz, putzt es durch, fegt alles beiseite, was dich daran hindert, wild und frei zu lieben und Liebe anzunehmen. Liebe lässt dich verletzlich werden, aber das macht nichts, erkennst du auf einmal, denn diese Verletzlichkeit ist in Wahrheit echte Berührbarkeit. Du nimmst die Liebe aus dem Herzen von Mutter Erde so tief in dein Herz auf, wie du es noch nie erlebt hast, und lässt dich nähren, erlebst, wie es ist, bewusst Liebe zu empfangen. Vielleicht erkennst du gar, dass du die ganze Zeit versucht hast, Liebe von einer bestimmten Person zu bekommen, und dadurch eng und unfrei wurdest. Das kannst du nun loslassen und dahin gehen, wo diese Liebe ganz leicht und frei fließt. Wenn die Herzkammer, mit der du Liebe empfängst, mitsamt ihrem Zugang offen und frei ist, dann erkennst du sie auch, die Liebe! Egal, wie sich jemand verhält, du spürst, ob jemand aus Liebe handelt oder aus anderen Gründen, wenn du Liebe annehmen kannst. Bleibe in dieser Energie, lass dich durchströmen, erlaube Mutter Erde, dein Herz zu heilen.

Wenn du so weit bist, dann komme auf deine Weise wieder zurück in den Raum, in dem du liegst. Entweder gehst du den ganzen Weg zurück über die Wurzeln, den Baum und das Tor, oder du bleibst, wo du bist, und öffnest dich dafür, gleichzeitig in dem physischen Raum anwesend zu sein, in dem du dich befindest, ganz leicht und frei.

Nun bist du bereit, Liebe nicht nur zu geben, sondern auch anzunehmen, und damit bist du schon ein sehr großes Stück auf deinen Partner zugekommen. Der Ausdruck seiner Liebe zu dir ist immer noch wichtig, aber nicht mehr wesentlich. Du spürst nun Liebe, egal, in welcher Sprache sie auch daherkommen mag. Dennoch ist es sinnvoll, die verschiedenen Sprachen zu kennen.

Als ich diese Meditation in einer inneren Reise zum ersten Mal erlebte, sah ich den Zugang zu meiner Liebesempfänglichkeit wie einen sehr engen Felsentunnel. Ich bat darum, dass er sich weitete, doch nichts geschah. Auf einmal spürte ich: Nein, im Gegenteil, lass ihn zuwachsen. Lass sich die Felsen zusammenschieben, er darf sich schließen. Und sobald ich das erlaubt hatte, öffnete sich der Raum an einer anderen Stelle und gab ein wundervolles Tal frei, in dem Blumen blühten, das von Wasserfällen, Luft und Sonne genährt wurde, ein unermesslich reiches Tal voller Schmetterlinge, anderer Tiere, Ruhe und Frieden. Was das bedeutet? Mein Zugang zur Liebe war begrenzt, felsig, anstrengend, und so erlebte ich es auch. Nun darf Liebe einfach so zu mir fließen, sie braucht sich nicht mehr durch Felsen zu schieben, sondern sie darf frei und leicht zu mir strömen.

Unternehmen wir ein Experiment. Wir sprechen vier Wochen lang die Sprache unseres Partners und schauen, was passiert. So, wie wir zum Beispiel erst einmal die Sprache eines Pferdes lernen müssen, wenn wir eines Tages reiten möchten, wie wir ihm zunächst zeigen werden: »Ich bin auf deiner Seite, ich gebe dir, was du brauchst, weil ich dich liebe und ohne Absicht komme, auch wenn ich wie ein Raubtier aussehe, rieche und agiere«, damit es Vertrauen zu uns aufbaut, so geben wir unserem Partner, was er braucht. Und natürlich uns selbst, denn wir wollen in dieser Zeit auch unsere eigene Sprache der Liebe sprechen lernen.

»Aber was ist mit dem Herz, spürt er denn nicht, dass ich ihn liebe, dass ich für ihn da bin? Und was ist mit der Seele, sind wir nicht verbunden, wenn wir uns lieben, wieso muss ich lernen, seine Sprache zu sprechen?«, magst du fragen. Gehen wir ein paar Jahre zurück, in deine frühe Kindheit, du liegst auf dem Wickeltisch und musst versorgt werden. Und sofort wird die Sache deutlich. Denn wenn deine Mutter dir nun Licht und Liebe schickt, ihr Herzchakra öffnet und auf Seelenebene mit dir verschmilzt, dann nutzt dir das nicht viel für dein körperliches Überleben.

Die Sprache der Liebe auf Seelenebene ist ganz einfach. Auf Herzebene auch. Aber wie alles will auch die Liebe inkarniert werden, das bedeutet, wie alles, was wir als Menschen erleben, will auch die Liebe einen körperlichen, physischen Ausdruck haben – eine Form, in die sie hineinfließen kann. Es mag sein, dass du deinen Partner täglich mit Liebe umgibst. Aber wenn diese Liebe auf menschlicher Ebene keine große Resonanz erzeugt, dann kommt sie nicht wirklich an. Deine menschliche Form der Liebe stärkt das Energiefeld des Menschen, den du liebst, sie ist ein physischer, in Form und Tat gebrachter Lichtstrahl aus deiner Seele.

Die Fragen, die sich stellen, sind:
Wieso ist es so schwierig, Liebe zu erkennen und zu zeigen, wieso braucht es verschiedene Ausdrucksformen, wozu dient das überhaupt? Ist nicht Liebe die stärkste Macht, wieso ist das auf der Erde so kompliziert?
Und wieso bin ich selbst so bedürftig, wenn es um gelebte Liebe geht, obwohl ich doch weiß, dass wir »alle eins sind«? Warum kann ich bestimmte Ausdrucksformen nicht ertragen, nicht geben und nicht erkennen?

Dieses Nichterkennen einer Liebessprache treibt sehr seltsame Blüten und hat große Auswirkungen. Wie oft haben wir das Gefühl, jemand sei unzugänglich, zu nichts zu gebrauchen, irgendwie kalt und distanziert, geizig oder eigenbrötlerisch? »Irgendwie arrogant« finden wir den einen, »wenig hilfsbereit« den anderen. Ich werde zum Beispiel privat ziemlich fuchsig, wenn ich das Gefühl habe, ich werde ausgenutzt, wenn z. B. einer meiner Familienmitglieder alles stehen und liegen lässt, nicht darauf achtet, die Tassen, wenn schon nicht in, dann wenigstens auf die Spülmaschine zu stellen, und so weiter. »Hast du nichts Besseres zu tun?«, war der Standardsatz in meiner

Kindheit, wenn ich las oder etwas nicht Produktives tat, und so bin ich gedrillt auf Hilfsbereitschaft. Dazu ist sie sowieso noch meine Sprache der Liebe. Alle anderen Sprachen erkenne ich fast nicht als solche, es kostet mich wirklich Mühe. Wenn sich jemand nicht nützlich macht, dann bin ich kaum in der Lage, etwas Liebevolles an ihm zu erkennen. Ist das nicht absurd? Vor allem, weil ja klar ist, dass es anderen Menschen mit deren Sprache der Liebe genauso geht. Wer weiß, für wie viele Menschen ich sehr wenig liebevoll erscheine, weil ich nicht ihre Sprache spreche und sie meine nicht erkennen können. »Die hilft gern, aber sie lobt fast nie!«, könnte man mir vorwerfen, oder: »Sie nimmt sich nie Zeit, um sich einfach mal zu mir zu setzen oder um gemeinsame, absichtslose Zeit miteinander zu verbringen.« Das stimmt. Ich habe im vorletzten Satz zuerst »unproduktive Zeit« geschrieben, und das sagt schon alles, findest du nicht? Es ist also wirklich sehr sinnvoll, die verschiedenen Ausdrucksformen zu studieren, damit ersparst du dir selbst eine Menge Ärger. Ganz stimmt es übrigens nicht: Mit Tieren verbringe ich von ganzem Herzen und ausführlich absichtslose Zeit ... vorausgesetzt, sie sind gut versorgt.

Noch dazu hat jede Liebessprache eine andere spirituelle Absicht, dient dem Seelenplan auf andere Weise. Die Sprache der Liebe, die du sprichst, zeigt, auf welche Weise du deine Energie in die Welt bringst. Sie ist weitaus mehr als nur ein Ausdrucksmittel für deine Liebe, sie ist der Schlüssel zu deiner Seele, dazu, wie du dich hier auf der Erde verwirklichst und in Form ausdrückst. Deshalb ist es so wichtig, sie zu kennen. Denn sie beeinflusst deine Berufswahl, das, was du gern tust, was dich glücklich und was dich unglücklich macht.

Welche Sprache der Liebe aber spricht nun dein Partner? Und welche sprichst du? Das Ganze steht und fällt damit, dass wir den richtigen Ton treffen, sonst geschieht nicht das Wunder, auf das wir hoffen. In der Pferdesprache von Monthy Roberts heißt das »Join up« und meint das freiwillige Anschließen des Fluchttieres Pferd an das Raubtier Mensch (wir essen schließlich Pferdefleisch!). Nun hat sich dein Partner ja bereits freiwillig an dich angeschlossen. Aber ist er noch da? In jedem Bereich seines Lebens? Das gilt auch für dich: Stehst du unverbrüchlich an seiner Seite? Und wie sieht es mit deiner Selbstliebe aus? Folgst du dir selbst? Wenn du ein unwilliges Pferd zum Join-up bringen möchtest, musst du es erst einmal ausdrücklich fortscheuchen. Die Leitstute einer Herde schickt ein ungehorsames Pferd aus der Herde heraus, droht ihm, sondert es ab. Das ist für ein Pferd in freier Wildbahn lebensgefährlich. Die Stute schickt das Pferd so lange weg, bis es von sich aus Anzeichen macht, verhandlungsbereit zu werden, es lenkt ein. Es senkt den Kopf und macht bestimmte Bewegungen mit dem Maul. Dann erst, wenn das ungehorsame Pferd eingelenkt hat, dreht sich die Stute weg, beendet die Bedrohung und lädt es ein, sich ihr wieder anzuschließen. Schließt sich das weggeschickte Pferd nun freiwillig an, dann hat es die Leitstute als solche anerkannt. Nun, weggeschickt haben wir unseren Partner lange genug. Und noch immer ist er da, er zeigt also Zeichen der Verhandlungsbereitschaft. Hören wir auf zu reden. Beginnen wir durch Gesten, Liebe zu signalisieren.

»Stopp«, rufst du, »wieso ich? Ich mach doch eh alles für ihn. Soll er doch kommen.«

Du bist also wütend und verletzt. Gut. Fangen wir mit dir selbst an. Wann hast du dich selbst weggeschickt, wann hast du aufgehört, dir selbst zu zeigen, dass du dich liebst? Du hast noch gar nicht begonnen? Dann freue ich mich, das auf der Stelle mit dir zusammen zu ändern. So ganz stimmt es sowieso nicht. Du hast dieses Buch in der Hand und willst wissen, wie du deine Liebe noch besser zeigen, wie du glücklicher werden kannst. Das ist durchaus ein Ausdruck von Selbstliebe.

»Ja, aber ...« sagst du, und ich antworte: »Gib mir und dir bitte eine kleine Chance.«

Übung

Es gibt einige Techniken, mit denen du herausfinden kannst, welche Sprache der Liebe du sprichst.

1. Eine davon ist das Systemische Aufstellen. Wenn du das kannst, dann schreibe doch einfach die verschiedenen Sprachen auf verschiedene DIN-A4-Blätter, lege sie verdeckt auf verschiede Plätze am Boden, und stelle dich nacheinander darauf. Dann wirst du rasch spüren, welcher Platz dir an angenehmsten ist – und auch, welchen du gar nicht magst. Das Gleiche kannst du für deinen Partner tun, auch wenn er nicht im Raum ist. Du willst ja deine Beziehung zu ihm verbessern, nicht ihn manipulieren, deshalb darfst du das.

2. Die nächste Technik ist eine innere Reise zu deinem inneren Kind. Du bittest es, dir eine Situation zu zeigen, in der es sich auf die für es ideale Weise geliebt gefühlt hat. Sei dabei ganz offen, es müssen nicht deine Eltern gewesen sein, die das innere Kind so wundervoll berührt haben. Nun frage dein inneres Kind, was genau war so wundervoll an diese Situation: Ist es gelobt, berührt, gehalten worden? Hat es Unterstützung erfahren, oder bekam es ein ganz besonderes Geschenk? Oder war es einfach die gemeinsam verbrachte Zeit, die so erfüllend war?

3. Ganz einfach – frage deinen Partner! Was wünschst du dir am meisten von ihm, womit liegst du ihm immer wieder in den Ohren? Frage ihn das! Meistens weiß der Partner ziemlich genau, welche Sprache der Liebe von ihm gefordert wird, auch wenn er diese Forderung womöglich nicht erfüllen kann. »Wenn du mir eine riesige Freude machen wolltest, was würdest du dann tun? Was würde mich denn deiner Meinung nach am meisten erfreuen?« sind wichtige Fragen. Die Antworten können die Sprache deines Partners spiegeln, aber zumeist weiß er genau, was du dir wünschst, egal, welche Sprache er selbst spricht. Frage bitte auch: »Und wenn ich dir eine ebenso große Freude bereiten wollte, was dürfte ich denn dann für dich tun?« An dieser Antwort erkennst du die Liebesprache deines Partners.

4. Hier ist eine Meditation, die dich in allen fünf Sprachen anspricht. Vielleicht kannst du spüren, was dich am meisten nährt, wobei du dich am wohlsten fühlst?

Meditation: Das Haus deiner Geborgenheit

Mache es dir bitte ganz bequem, es gibt nun nichts mehr für dich zu tun. Du brauchst niemandem zu gefallen, es niemandem recht zu machen, du darfst dich ausruhen, alle Last für einen Moment abstreifen und einfach bei dir selbst ankommen. Du darfst dem, was du in dir erlebst, vertrauen, alles darf sein, wie es ist. Du darfst dem, was du fühlst, einfach vertrauen. Und so schließe nun deine Augen, und erlaube dir, deine inneren Bilder wahrzunehmen, deine Gedanken zu denken, deine Gefühle und Körperempfindungen zu erleben, egal, wie sie sind.

Stelle dir bitte eine Lichtsäule vor, ein strahlendes Gebilde aus Licht, das nun einfach so vor deinem inneren Auge erscheint. Dieses Licht ist völlig anders als alles, was du bis jetzt erlebt hast. Es hat genau die Farbe, die du heute brauchst, selbst wenn du diese Farbe noch nie gesehen hast. Das Licht kommt aus deiner eigenen Seele, es erinnert dich an alles, was du in Wahrheit bist. Du stellst dich in diese Lichtsäule hinein, und atmest auf, denn auf der Stelle fällt alles von dir ab, das dich schwer macht, das nicht zu dir gehört, das du für andere übernommen hast und mitträgst. Du stehst in dieser Lichtsäule, und schon jetzt beginnst du, dich viel besser zu fühlen, bei dir anzukommen. Die Lichtsäule öffnet sich, und du befindest dich in einer wunderschönen Landschaft. Du gehst spazieren, vorbei an bunten Blumenwiesen, rauschenden Bächen mit kleinen Wasserfällen und an moosigen, uralten Bäumen.

In einiger Entfernung erblickst du auf einmal ein Haus – ein Haus, das vollkommen deiner Vorstellung von Geborgenheit entspricht, ein Haus, das du auf der Stelle bewohnen möchtest. Das Haus strahlt eine solche Freundlichkeit und Wärme aus, dass es dich wie magisch anzieht. Du gehst auf das Haus zu und spürst, hier wartet etwas ganz Besonderes und Vertrautes auf dich. Du hast geradezu das Gefühl, das Haus kennt dich und steht nur hier, um dir einen sicheren Ort zu bieten. Jetzt durchschreitest du das kleine Gartentor. Die Haustür öffnet sich, und ein Wesen tritt heraus – eine Frau oder ein Mann, ein Wesen, das dich willkommen heißt.
»Ich begleite dich durch alle Leben hindurch und bin immer für dich da«, sagt das Wesen, und du erinnerst dich. Etwas fühlt sich sehr vertraut an, so, als wüsstest du es und hättest nur lange Zeit nicht mehr daran gedacht. Du fühlst dich auf der Stelle sicher und angekommen, gerade so, als kämst du nach langer Zeit zurück in das gemütlichste Zuhause, das du dir nur vorstellen kannst. Du trittst in das Haus ein. Alles ist genau so, wie es für dich gut ist, entspricht vollkommen deinem Ge-

schmack, ist genau so, wie du es brauchst, damit du dich ruhig und friedlich fühlst. Das Haus ist hergerichtet, als warte es auf dich, und so ist es auch. Blumen blühen überall, und es gibt auch Tiere in dem Haus, wenn du Tiere liebst. Katzen, Hunde und andere.

Das Wesen führt dich in ein sehr gemütliches Zimmer. Hier findest du ein Bett, ein Sofa oder einen anderen Ruheplatz.

Du legst dich hin und spürst auf einmal, wie müde du bist. Dein Lebensweg bis hierhin war lang. Du hast vieles gemeistert, viele Herausforderungen erlebt. Du bist gescheitert, warst am Boden und bist wieder aufgestanden, hast weitergemacht, du hast viel erlebt auf deinem Erdenweg und bist oft sehr nah an deine Grenzen gekommen, oft genug auch darüber hinausgegangen. Du hast Siege errungen und Niederlagen erlitten. Nun darfst du dich ausruhen, und du spürst, heute ist genau der richtige Tag dafür, und dies hier ist genau der richtige Ort. Das Wesen setzt sich zu dir, und es fühlt sich vollkommen natürlich an, wenn es dich jetzt in die Arme nimmt. Du bettest deinen Kopf an seine Schulter, und es ist, als nähme dich eine liebende Mutter, ein schützender Vater oder ein sehr vertrauter Freund in den Arm. Du kannst dich tiefer entspannen, als du das selbst für möglich gehalten hättest. Wenn dir das gefällt, dann legt sich nun auch eine Katze oder ein Hund zu dir und gibt dir Halt und Wärme. Du spürst das Atmen des Geschöpfs neben dir, und dieses sanfte, entspannte Atmen beruhigt dich tief. Du bist so sicher, wie du es nur sein kannst, und dein ganzes System erkennt das auch. Es scheint, als atme selbst ein Teil deines Gehirns auf, weil er sich nun ausruhen kann. Denn du bist wirklich sicher.

Mehr und mehr lässt du los und öffnest dich ganz wie von selbst für das, was das Wesen dir nun sagt. Du nimmst seine Worte tief in dich auf und erlaubst ihnen, dich genau da zu berühren, wo du emotionale Nahrung brauchst.

Es sagt:
»Ich halte dich.
Ich bin stolz auf dich.
Ich beschütze dich.
Du machst deine Sache sehr gut, ich vertraue dir.
Ich liebe dich, einfach so, egal, was du tust.
Du darfst Fehler machen. Wenn du fällst, helfe ich dir wieder auf.
Ich bin bei dir, und ich bin immer für dich da.
Ich sehe dich, ich nehme dich wahr, und ich bin immer auf deiner Seite.
Ich begleite und behüte dich bei jedem deiner Schritte und gebe dir, was du brauchst.
Ich gebe dir deutliche Zeichen und Hinweise, die dir auf deinem Weg helfen.
Manchmal trage ich dich ein Stück, und manchmal lass ich dich ein Stück alleine laufen, aber ich bin immer bei dir.

Du bist wunderschön, und du darfst deine Talente und Fähigkeiten offen zeigen und anwenden.
Du darfst dafür sorgen, dass es dir gut geht, und ich unterstütze dich dabei.
Manchmal ist das Leben anstrengend, ich bin immer für dich da, damit du neue Kraft schöpfen kannst.
Du hast jederzeit das Recht, in jeder Hinsicht neue Entscheidungen zu treffen. Ich bin immer an deiner Seite.
Ich bin auch dann bei dir, wenn du stirbst.«

Immer tiefer entspannst du dich, während du diese Worte tief in dich einsinken lässt. Du kommst zur Ruhe und etwas in dir entscheidet, einmal die Kontrolle loszulassen.

Das Wesen lässt dich nun liebevoll los, steht auf, verlässt den Raum und kommt nach einer kleinen Weile wieder. Es hält eine Schale in der Hand, aus der es köstlich duftet. »Du bist erschöpft, dir fehlen bestimmte Lebensgeister und Energien«, sagt dir das Wesen, und du spürst selbst, wie recht es hat. Du nimmst die Schale und trinkst daraus. Es schmeckt köstlich, und beinah kommt es dir vor, als nähmest du einen Zaubertrank zu dir, denn augenblicklich durchströmt dich neue Kraft. Lebensmut, Zuversicht, Hoffnung und Unternehmungslust fließen durch deinen Körper, und du trinkst die ganze Schale leer.
Das Wesen setzt sich nun zu dir, und du kannst dir, wenn du willst, alles von der Seele reden, was dich be-

drückt. Es hört einfach zu. Während du redest, schenkt es dir so viel Mitgefühl und Trost, dass dir sehr viel leichter ums Herz wird. Möglicherweise findest du sogar eine Lösung für ein Thema, einfach nur, weil du in aller Ruhe einmal darüber reden kannst. Vielleicht hat das Wesen eine Botschaft für dich, vielleicht aber auch nicht, dann brauchst du keine. Meistens brauchen wir nur ein wenig Raum, um uns selbst wieder zu spüren und um uns wieder zu sammeln.

Du bleibst so lange liegen, wie es dir angenehm ist. Nach einiger Zeit aber spürst du, es drängt dich, aufzustehen. Du wanderst im Haus umher und erkennst noch einmal mehr, wie perfekt es auf deine Bedürfnisse nach Harmonie, Schönheit und Freude abgestimmt ist.

Doch irgendwann ist es Zeit, zu gehen. Das fällt dir ganz leicht, denn du weißt, du kannst jederzeit hierher zurückkehren, das Haus wartet auf dich. Du bekommst jederzeit gute Botschaften, eine Umarmung, Trost und einen Zaubertrank, außerdem so viel Ruhe und Frieden, wie du brauchst. Du verabschiedest dich von den Lebewesen in diesem Haus und vom Haus selbst, dann verlässt du das Haus, durchschreitest das kleine Gartentor. Du gehst den Weg zurück, entspannt und beschwingt, freust dich darauf, nun in die Außenwelt zurückzukehren, denn nur in der äußeren Welt kannst du all das, was du bekommen hast, in Taten umsetzen – denn dafür ist sie da. Du siehst nun die Lichtsäule schimmern, die du schon kennst, sie öffnet sich und bildet ein Tor, das dich sicher in die äußere Welt zurückbringt. Die Kraft, die Ruhe und den Frieden nimmst du mit.

Komme nun zurück in den Raum, in dem du dich befindest, bewege deine Hände und Füße, recke und strecke dich, atme ein paar Mal tief durch. Du kannst diese Reise immer wieder machen, und jedes Mal wird sie ein wenig anders sein.

Hast du die verschiedenen Sprachen erkannt? Schauen wir uns die Meditation noch einmal an, nehmen wir sie analytisch auseinander, um Bewusstsein darüber zu erlangen, wie sich Liebe zeigen kann.

Hier also noch einmal der Text, zumindest der Teil, auf den es ankommt:

Das Haus deiner Geborgenheit

In einiger Entfernung erblickst du auf einmal ein Haus – ein Haus, das vollkommen deiner Vorstellung von Geborgenheit entspricht, ein Haus, das du auf der Stelle bewohnen möchtest. Das Haus strahlt eine solche Freundlichkeit und Wärme aus, dass es dich wie magisch anzieht. Du gehst auf das Haus zu und spürst, hier wartet etwas ganz Besonderes und Vertrautes auf dich. Du hast geradezu das Gefühl, das Haus kennt dich und steht nur hier, um dir einen sicheren Ort zu bieten. Jetzt durchschreitest du das kleine Gartentor. Die Haustür öffnet sich und ein Wesen tritt heraus – eine Frau oder ein Mann, ein Wesen, das dich willkommen heißt.

»Ich begleite dich durch alle Leben hindurch und bin immer für dich da«, sagt das Wesen, und du erinnerst dich.

Was ist das? Hilfsbereitschaft und auch Zweisamkeit, je nachdem, auf welche Weise das Wesen für dich da ist.

Etwas fühlt sich sehr vertraut an, so, als wüsstest du es und hättest nur lange Zeit nicht mehr daran gedacht. Du fühlst dich auf der Stelle sicher und angekommen, gerade so, als kämst du nach langer Zeit zurück in das gemütlichste Zuhause, das du dir nur vorstellen kannst. Du trittst in das Haus ein.

Alles ist genau so, wie es für dich gut ist, entspricht vollkommen deinem Geschmack, ist genau so, wie du es brauchst, damit du dich ruhig und friedlich fühlst. Das Haus ist hergerichtet, als warte es auf dich, und so ist es auch. Blumen blühen überall, und es gibt auch Tiere in dem Haus, wenn du Tiere liebst. Katzen, Hunde und andere.

Da hat sich jemand gekümmert – und dir Herzensgeschenke gemacht!

Das Wesen führt dich in ein sehr gemütliches Zimmer. Hier findest du ein Bett, ein Sofa oder einen anderen Ruheplatz.

Du legst dich hin und spürst auf einmal, wie müde du bist. Dein Lebensweg bis hierhin war lang. Du hast vieles gemeistert, viele Herausforderungen erlebt. Du bist gescheitert, warst am Boden und bist wieder aufgestanden, hast weitergemacht, du hast viel erlebt auf deinem Erdenweg und bist oft sehr nah an deine Grenzen gekommen, oft genug auch darüber hinausgegangen. Du hast Siege errungen und Niederlagen erlitten. Nun darfst du dich ausruhen, und du spürst, heute ist genau der richtige Tag dafür, und dies hier ist genau der richtige Ort.

Das Wesen setzt sich zu dir, und es fühlt sich vollkommen natürlich an, wenn es dich jetzt in die Arme nimmt. Du bettest deinen Kopf an seine Schulter, und es ist, als nähme dich eine liebende Mutter, ein schützender Vater oder ein sehr vertrauter Freund in den Arm. Du kannst dich tiefer entspannen, als du das selbst für möglich gehalten hättest.

Das ist die Sprache der Zärtlichkeit – bewusstes Berühren, um dir Trost, Liebe und Halt zu geben.

Wenn dir das gefällt, dann legt sich nun auch eine Katze oder ein Hund zu dir und gibt dir Halt und Wärme. Du spürst das Atmen des Geschöpfs neben dir, und dieses sanfte, entspannte Atmen beruhigt dich tief.

Zweisamkeit – sie sind einfach nur da, ohne Absicht.

Du bist so sicher, wie du es nur sein kannst, und dein ganzes System erkennt das auch. Es scheint, als atme selbst ein Teil deines Gehirns auf, weil er sich nun ausruhen kann. Denn du bist wirklich sicher.

Mehr und mehr lässt du los und öffnest dich ganz wie von selbst für das, was das Wesen dir nun sagt. Du nimmst seine Worte tief in dich auf und erlaubst ihnen, dich genau da zu berühren, wo du emotionale Nahrung brauchst.

Es sagt:
Ich halte dich. (Zärtlichkeit, Hilfsbereitschaft)
Ich bin stolz auf dich. (Lob)
Ich beschütze dich. (Hilfsbereitschaft)
Du machst deine Sache sehr gut, ich vertraue dir. (Lob)
Ich liebe dich, einfach so, egal, was du tust. (Zweisamkeit)
Du darfst Fehler machen. Wenn du fällst, helfe ich dir wieder auf. (Hilfsbereitschaft)
Ich bin bei dir, und ich bin immer für dich da. (Zweisamkeit und Hilfsbereitschaft)
Ich sehe dich, ich nehme dich wahr, und ich bin immer auf deiner Seite. (Zweisamkeit)
Ich begleite und behüte dich bei jedem deiner Schritte und gebe dir, was du brauchst. (Hilfsbereitschaft)
Ich gebe dir deutliche Zeichen und Hinweise, die dir auf deinem Weg helfen. (Hilfsbereitschaft)
Manchmal trage ich dich ein Stück, und manchmal lass ich dich ein Stück alleine laufen, aber ich bin immer bei dir. (Hilfsbereitschaft)
Du bist wunderschön, und du darfst deine Talente und Fähigkeiten offen zeigen und anwenden. (Lob)
Du darfst dafür sorgen, dass es dir gut geht, und ich unterstütze dich dabei. (Mut machen, Lob, Hilfsbereitschaft)

Manchmal ist das Leben anstrengend, ich bin immer für dich da, damit du neue Kraft schöpfst. (Zärtlichkeit, Zweisamkeit, Hilfsbereitschaft, je nachdem, auf welche Weise das Wesen für dich da ist)

Du hast jederzeit das Recht, in jeder Hinsicht neue Entscheidungen zu treffen. Ich bin immer an deiner Seite. (Zweisamkeit)

Ich bin auch dann bei dir, wenn du stirbst. (Zweisamkeit und, wenn es dich hält, Zärtlichkeit)

Immer tiefer entspannst du dich, während du diese Worte tief in dich einsinken lässt. Du kommst zur Ruhe, und etwas in dir entscheidet, einmal die Kontrolle loszulassen.

Das Wesen lässt dich nun liebevoll los, steht auf, verlässt den Raum und kommt nach einer kleinen Weile wieder. Es hält eine Schale in der Hand, aus der es köstlich duftet. »Du bist erschöpft, dir fehlen bestimmte Lebensgeister und Energien«, sagt dir das Wesen, und du spürst selbst, wie recht es hat.

Du nimmst die Schale und trinkst daraus. Es schmeckt köstlich, und beinah kommt es dir vor, als nähmest du einen Zaubertrank zu dir, denn augenblicklich durchströmt dich neue Kraft. Lebensmut, Zuversicht, Hoffnung und Unternehmungslust fließen durch deinen Körper, und du trinkst die ganze Schale leer.

Herzensgeschenke und Hilfsbereitschaft ...

Das Wesen setzt sich nun zu dir, und du kannst dir, wenn du willst, alles von der Seele reden, was dich bedrückt. Es hört einfach zu. Während du redest, schenkt es dir so viel Mitgefühl und Trost, dass dir sehr viel leichter ums Herz wird. Möglicherweise findest du sogar eine Lösung für ein Thema, einfach nur, weil du in aller Ruhe einmal darüber reden kannst.

Es bietet dir Zweisamkeit oder schenkt dir seine Zeit!

Vielleicht hat das Wesen eine Botschaft für dich, vielleicht aber auch nicht, dann brauchst du keine. Meistens brauchen wir nur ein wenig Raum, um uns selbst wieder zu spüren und um uns wieder zu sammeln.

Du bleibst so lange liegen, wie es dir angenehm ist. Nach einiger Zeit aber spürst du, es drängt dich, aufzustehen.

Du wanderst im Haus umher und erkennst noch einmal mehr, wie perfekt es auf deine Bedürfnisse nach Harmonie, Schönheit und Freude abgestimmt ist.

Herzensgeschenke und Hilfsbereitschaft – kannst du das erkennen?

Manchmal sind die Sprachen schwierig voneinander zu unterscheiden, weil sie das gleiche Ergebnis haben. Doch die Absichten, die dahinterstecken, sind unterschiedlich. Diese Absichten schauen wir uns nun genauer an.

Warum ist das denn überhaupt wichtig? Weil wir oft die Ausdrucksweisen der Liebe übersehen, die uns selbst nicht geläufig sind. Ich habe es schon ein paar Mal gesagt – je feiner deine Antennen auf Liebesbezeugungen ausgerichtet sind, desto mehr Liebe empfängst du bewusst.

Wir werden also die verschiedenen Energien erspüren, wir werden erkennen, welche Seelenabsicht sie mit sich bringen, welche Wirkung sie haben. Die Pole dieser Sprachen haben nichts damit zu tun, ob Männer oder Frauen diese Sprache besser sprechen können, sondern mit der Energie, mit der sich die Liebe zeigt: Das Weibliche ist aufnehmend, hingebend, Raum schaffend, nährend, das Männliche ist aktiv, anfeuernd, schützend und befruchtend.

Die fünf Sprachen und ihre Seelenabsichten

Um überhaupt zu erkennen, welche Sprache du sprichst, ist es wichtig, die Energien zu unterscheiden. Sicher kennst du all diese Ausdrucksformen der Liebe. Doch welche entspricht dir? Auf welche Weise begegnest du selbst dem Menschsein, was erscheint dir am wichtigsten? Wenn du das weißt, hast du einen großen Schritt auf dich selbst zu gemacht und kannst deine Liebe viel deutlicher zum Ausdruck bringen – die Liebe zu dir und die Liebe zu anderen. So lass dich zumindest gedanklich für ein paar Minuten auf die verschiedenen Formen ein. Es mag einige geben, die du gar nicht magst. Vielleicht hast du sie nur verdreht kennengelernt. Oder es ist gar deine eigene, die du aber nie leben und zeigen durftest. Ich zeige dir auch die dunklen Seiten der Liebessprachen – die süchtige und die abwesende Variante. Denn oft genug erkennen wir die Liebe eher über ihr Fehlen als über ihr Vorhandensein. Um Bewusstsein für Liebe zu erlangen, brauchen wir nicht nur die Bereitschaft, sondern auch das Vermögen, zu fühlen, was ist. Weil wir so oft von der Liebe enttäuscht wurden, weil wir so oft darbten, sei es gefühlt oder tatsächlich, haben wir uns verschlossen, retten wir uns in merkwürdige Gedankenkonstrukte. Um offen zu sein für den gesamten Liebesstrom auf diesem Planeten, braucht es also Öffnung in jeder Hinsicht – besonders für dein eigenes Fühlen.

Ich stelle dir auf den nächsten Seiten die verschiedenen Sprachen der Liebe vor. Es gibt spezifische Übungen, aber manche der Anregungen, Meditationen und Übungen gelten für alle Sprachen. Nimm dir also das, was dir dient, und forme es so um, wie es für dich passt.

Hilfsbereitschaft – die Anerkennung des auf Erden manchmal schwierigen Weges

Pol: männlich, aktiv, nach außen gerichtet
Qualität: dienend, den Weg ebnend

Welche energetische Wirkung erzielen wir, wenn wir unsere Liebe in Form von Hilfsbereitschaft auf der Erde verwirklichen? Von einer höheren Ebene aus betrachtet sagen wir dem anderen:

»Ich räume dir Steine aus dem Weg, damit du deinen Weg unbehelligt und ein wenig leichter gehen kannst. Ich erleichtere dir das Leben, gebe dir Energie, indem ich Hindernisse beseitige oder sie dir rechtzeitig aufzeige und Dinge möglich mache. Ich glätte die Kanten des Lebens ein wenig für dich, ich reiche dir die Hand, gebe dir, wie in der Schule beim Sport, Hilfestellung, damit du deine Ziele besser erreichen kannst. Ich bin bei dir, um dich auf deinem Weg zu unterstützen und dir bei der Verwirklichung dessen, was du für dich willst, zur Seite zu stehen.«

Wie helfen wir? Wir packen tatkräftig mit an. Wir stehen dem anderen mit Rat und Tat zur Seite. Wir hören zu, damit er seinen Ärger loswerden und weitermachen kann. Wir nutzen unsere Fähigkeiten, um die Dinge für den anderen klarer zu machen, damit er Mut findet, seinen Weg weiterzugehen. Wir coachen. Wir üben liebevolle, konstruktive Kritik. Wir suchen Telefonnummern heraus, wir nutzen unsere Kontakte, wir machen seine Buchhaltung, wir hacken Holz, wir kochen, wir dienen mit unserer Zeit und unserer Energie den Zielen des anderen. Energetisch gesehen ziehen wir mit ihm an einem Strang und unterstützen sein Ziel, was immer dieses Ziel auch sein mag. Und sei es schlichtweg, ein erfülltes Leben zu führen. Wir geben unsere Energie, indem wir mit unserer Handlung da sind. Wir dienen seinem Weg.

Spricht nun unser Partner eine andere Liebessprache, dann fühlen wir uns immer wieder im Stich gelassen. Er lobt uns, statt anzupacken. Er fragt, wann wir denn endlich Zeit zum Kuscheln hätten, statt das Kochen zu übernehmen oder die Kinder ins Bett zu bringen. Und weil wir mit unserer Botschaft nicht gesehen werden, weil unsere Liebe keine Resonanz beim anderen erzeugt, geben wir immer mehr, helfen ihm über alles Maß hinaus.

Damit du diese Energien wirklich wahrnehmen kannst, biete ich dir eine innere Reise an. Wir nutzen dabei die Engelebene. Wenn du nicht an Engel glaubst, dann nimm es bitte einfach als Bild, als Ausdruck für die Kraft der Liebe, die du vermitteln möchtest. Es sind letztlich nur Bilder, sie stimmen oder nicht – das Wesentliche ist das Gefühl, das dabei in dir entsteht.

Die innere Reise: Hilfsbereitschaft – ich ebne dir den Weg

(Der Beginn dieser Reisen zu den verschiedenen Energien ist immer gleich, ich schreibe ihn der Vollständigkeit halber jedes Mal wieder, damit du die Reisen unabhängig voneinander machen kannst.)

Mache es dir bequem, lege dich hin, es gibt nichts mehr für dich zu tun, als einfach hier zu sein und deinen inneren Bildern zu folgen. Diesen inneren Bildern darfst du vertrauen, du darfst dem, was du fühlst und wahrnimmst, vertrauen.
Vor dir entsteht eine Lichtsäule, die dir Wärme und Leichtigkeit anbietet, und du trittst hinein. Augenblicklich durchströmt dich das Licht der Lichtsäule, du entspannst dich noch tiefer, wirst immer leichter. Engel erscheinen, wenn du an Engel glaubst. Wenn nicht, dann stelle dir vor, du bist von lichtvollen Begleitern umgeben. In dieser Welt ist das möglich, einfach so, egal, ob es das tatsächlich gibt oder nicht. Diese Lichtwesen lassen dich nun so leicht werden, dass du in dieser Lichtsäule wie in einem Aufzug nach oben steigst, du schwebst und wirst immer leichter. Dein Geist öffnet sich, dein Bewusstsein wird weiter. Immer mehr entfernst du dich von der Bürde des Menschseins, lässt all die Anstrengungen hinter dir und beginnst zu lächeln. Die Lichtwesen heben dich noch ein Stück weiter hoch – und jetzt entsteht ein Raum, ein lichtvoller Energieraum, weicher und heller,

als du ihn je gesehen hast. Etwas in dir kann loslassen, Ruhe und Frieden finden, möglicherweise fühlst du dich gar, als seiest du nach Hause gekommen. Eventuelle Lasten fallen vor dir ab, alles, was du für andere getragen hast, kannst du nun loslassen. Die Lichtwesen nehmen es dir sanft von den Schultern und lösen auch die harten Panzerungen ab, die sich in deinem Energiekörper gebildet haben. Dadurch darf auch dein physischer Körper weicher werden, sich tiefer entspannen, du atmest freier und kommst noch mehr bei dir an. Du schaust dich um und erkennst sehr viele Lichtwesen, Engel oder wie immer du sie auch wahrnimmst. Sie sind unterschiedlich, fühlen sich auch unterschiedlich an. Eines der Lichtwesen kommt nun auf dich zu. »Ich bin der Engel der Hilfsbereitschaft«, sagt es dir, und du wunderst dich nicht, denn in dieser Welt ist wirklich alles möglich. »Lass mich dir zeigen, wie ich wirke.«

Auf einmal entsteht vor deinem inneren Auge ein Bild, eine Situation aus dem Alltag, aus deinem oder aus dem eines anderen. Du siehst einen Menschen bei einer ganz normalen Tätigkeit, beim Einkaufen, Arbeiten, Straßenkehren. Du erkennst, wie anstrengend es ist, ein Mensch zu sein, du erkennst aber auch, dass das menschliche Wesen, das du siehst, die Kraft hat, seinen Alltag zu meistern. »Und nun schau«, wispert der Engel der Hilfsbereitschaft. Er sendet auf einmal sein Licht zu dem Menschen, in die Situation hinein, erfüllt die Szene mit seiner lichtvollen Kraft. Und plötzlich geschieht ein Wunder. Andere Menschen tauchen auf, stehen dem

Menschen, den du von oben sieht, bei, ganz natürlich, in dem sie ihm durch eine kleine Handreichung oder einfach ein liebevolles Beiseitetreten den Weg frei machen. Du bist nicht allein, wir sind bei dir, du musst dein Leben nicht allein meistern, wir glätten die Kanten und dienen deinem Weg gern, scheinen sie zu sagen, während das Licht des Engels stärker und stärker wird. Du erkennst, dass die Menschen nur das für den einen tun, was nötig ist, sie nehmen ihm die Aufgabe nicht ab, sondern reichen nur an, schieben zu, machen Platz. Du schaust weiter zu und erkennst, wie glücklich der Mensch, den du beobachtest, plötzlich ist, vielleicht weiß er gar nicht, warum. Er wird weicher, kann sich ein wenig entspannen, das Leben wird ein bisschen leichter und weniger einsam. Die Kraft des Engels überwindet die Dualität, erkennst du, das Gefühl, getrennt von all den anderen zu sein. Indem die anderen Menschen ihn bei seinen Vorhaben unterstützen, selbst wenn es nur das Einkaufen ist, sagen sie ihm: »Ja, du bist ein Teil von uns, du bist willkommen, und deine Angelegenheiten, Wünsche und Absichten haben Platz, sind berechtigt. Wir geben dir Raum dafür, indem wir dich unterstützen, wir sehen dich und sagen Ja zu dir«.
Nun zieht der Engel der Hilfsbereitschaft seine Energie ganz vorsichtig wieder zurück. Augenblicklich spannt sich der Mensch, den du beobachtest, an, sein Rücken wird steif, er muss die Lasten wieder allein tragen. Du siehst, wie seine Aura enger wird, wie er flacher atmet und wie seine Energie sinkt. Natürlich kann er sein

Leben allein meistern. Aber zu welch hohem Preis!, erkennst du. Und möchtest am liebsten auf der Stelle Hilfsbereitschaft nach unten senden.

»Unsere Botschafter sind überall unterwegs«, lächelt der Engel dich an und lässt erneut sein Licht zur Erde strömen. Du fühlst nun ganz deutlich, ob du selbst einer dieser Botschafter bist. Bist du nicht sicher, dann probiere es einfach aus. Der Engel der Hilfsbereitschaft berührt dich nun mit seinem Licht. Du kannst sehr deutlich fühlen, ob dir das Licht vertraut ist oder nicht. Egal, ob es sich angenehm anfühlt oder nicht, du erkennst jetzt sehr deutlich, ob es dein Licht ist, ob du zu den Lichtwesen gehörst, die durch Hilfsbereitschaft auf Erden wirken. Nimm das Licht in dich auf, und lass dir Zeit, es zu fühlen. Irgendwann weißt du, ob dieses Licht zu deiner Sprache gehört oder nicht. Es mag sein, dass du gern hilfst, aber das heißt noch lange nicht, dass es dein Engelauftrag ist, als Helfer für andere da zu sein. Bist du nicht sicher, dann frage den Engel: »Gehöre ich zu dir, bin ich in deinem Auftrag unterwegs?« Du wirst die Antwort deutlich spüren.

Wenn du möchtest, dann darfst du auch für deinen geliebten Partner fragen. Du tust es ja, weil du ihn besser verstehen möchtest, nicht, um ihn zu manipulieren. Das erlaubt die Engelebene sowieso nicht. Der Engel der Hilfsbereitschaft gibt dir eine deutliche Antwort, ein Ja oder ein Nein.

Du darfst nun, wenn du willst, noch ein wenig auf dieser hohen Ebene verweilen, doch irgendwann regt sich in dir der Wunsch, nun wieder zurückzukommen und deine Liebe in die Welt zu senden – als Hilfsbereitschaft oder eben auf deine Weise. Du gleitest ganz sachte in der Lichtsäule wieder nach unten, in dem Wissen, dass die Lichtkraft und die Liebe der Engel immer bei dir sind, auf die genau richtige Weise.

Komme dann in deiner Zeit zurück in den Raum, in dem du dich befindest.

Du hast jetzt gespürt, wie sich die Energie der Hilfsbereitschaft anfühlt, was sie verursacht. Sie ebnet den Weg, weil der Hilfsbereite ein Bewusstsein dafür hat, dass es nicht immer so einfach ist, dass wir auf unserem irdischen Weg oft genug der Hilfe anderer bedürfen. Das klingt sehr oberflächlich, sehr lapidar. »Es ist nicht immer so einfach, und es bedarf der Hilfe.«

Aber ist dir das wirklich bewusst? Nicht nur für andere, sondern ist es dir für dich selbst bewusst? Weißt du, dass du manchmal durchaus die Hilfe anderer nötig hast und nötig haben darfst?

Und erlaubst du dir dann auch, um Hilfe zu bitten?

Die Hilfsbereitschaft in der Selbstliebe

Musstest du als Kind oft helfen? Doch du selbst solltest bitte mit allem allein klarkommen? Oder wurde dir die Hilfe anderer geradezu aufgedrängt, hattest du wenig Gelegenheit, Versuch, Irrtum und Neubeginn zu erleben? Wir brauchen beides. Wir brauchen Gelegenheiten, um unsere eigenen Fähigkeiten zu erweitern, uns auszuprobieren, um zu lernen. Und wir brauchen die helfende Hand anderer, wenn wir an unsere momentanen Grenzen stoßen. Wir sind soziale Wesen, es ist geradezu absurd, alles allein machen zu wollen. Was aber geschieht, wenn wir Hilfe brauchen? Wir fühlen uns ausgeliefert, machtlos, wir schämen uns womöglich sogar. Wir geben uns stolz, arrogant, um uns den anderen vom Leib zu halten, um ja nicht wieder verletzt und beschämt zu werden. Das ist nichts Neues. Doch ist es dir bewusst? Weißt du, dass du dir die Liebe zu dir selbst unter anderem dadurch zeigst, indem du dir die Hilfe anderer zugestehst? Dass du darum bittest? Und so möchte ich dich einladen, eine klitzekleine Übung durchzuführen:

Übung

Bitte um Hilfe. Heute. Mindestens fünf Mal, auch wenn du sie gar nicht brauchst. Nur, um es zu üben. Bei Kleinigkeiten. Komme in Kontakt mit anderen, lerne, zuzugeben, dass du nicht alles allein kannst, und erkenne, dass du auch gar nicht alles allein zu machen brauchst. Je schwerer dir diese Übung fällt, desto wichtiger ist sie. Du öffnest dich dadurch und findest den Weg aus dieser Scham, bedürftig zu sein, heraus

Denn natürlich bist du bedürftig. Du brauchst etwas, du hast Bedürfnisse, das ist doch ganz selbstverständlich und natürlich. Unangenehm bedürftig wirst du nur dann, wenn du in einen Mangel gerätst, wenn du deine Bedürfnisse unterdrückst, verleugnest, durch Kontrolle in dir zu regeln versuchst, statt sie offen und frei zu erfüllen. Dann spürt jeder um dich herum, dass du etwas brauchst, doch niemand kommt an dich heran. Und so baust du eine Mauer um dich auf, um ja nicht in Abhängigkeit zu geraten. So verständlich das ist, so wenig sinnvoll ist es. Denn du bist sowieso von anderen abhängig. Je leichter es dir fällt, um Hilfe zu bitten, sie anzunehmen und dann weiterzugehen, desto weniger bedürftig und abhängig bist du auf die Dauer.

Warum fällt es dir so schwer, Hilfe anzunehmen? Weil du dann in der Schuld des anderen stehst, richtig? Weil der Preis für diese Hilfe oft zu hoch ist, weil du sonst überall offene Konten hast.

Wenn du Hilfe erhalten hast, hat dir der andere Energie gegeben, und die muss ja irgendwie wieder zurückfließen, stimmt's? Nun, das geht ganz leicht. So einfach und selbstverständlich es auch klingen mag, so wesentlich ist es:

Sage Danke.

Echte Dankbarkeit ist eine äußerst kraftvolle Energie, die dem anderen zeigt: Meine Hilfe ist angekommen, die Energie, die ich gegeben habe, wird gesehen und wertgeschätzt. Durch ein echtes Danke gibst du dem anderen zurück, was er dir gegeben hat. Dein Geschenk an ihn ist das Eingeständnis, dass du ihn wirklich gebraucht hast. Das Eingeständnis, dass er etwas hat, das dir zumindest in diesem Moment fehlt. Du zeigst ihm seine Fähigkeit, für andere da zu sein, du zeigst ihm seine Möglichkeiten, sein Potenzial. Er hat etwas Wertvolles, das du brauchst, sei es Körperkraft, ein bestimmtes Wissen, eine Fähigkeit. Weil wir unsere Liebe zueinander über Hilfsbereitschaft zeigen, hast du dem anderen ein großes Geschenk gemacht, indem er dir helfen durfte: Er hatte Gelegenheit, Liebe auszudrücken. Du hast ihm erlaubt, dir nah zu sein. Doch Vorsicht, das lässt sich nicht einfordern. Wahre Dankbarkeit ist immer mit Demut gepaart, der Anerkennung dessen, dass du dem anderen durch seine Hilfe einen Energieausgleich schuldest. Dieser Energieausgleich geschieht durch das aufrichtige Danke. Wenn du nicht anerkennst, dass du tatsächlich etwas gebraucht hast, wenn du dich für deine Bedürfnisse schämst, dann kommt das Danke nur gequetscht beim anderen an, irgendwie widerwillig. Dadurch bleibt etwas offen, du hast ihm nicht die volle Wertschätzung entgegengebracht, dich nicht ganz hingegeben. Du hast dich nicht geöffnet, ihm die Nähe verweigert, die durch eine echte Hilfeleistung unweigerlich entsteht.

Um Hilfe zu bitten ist ein Akt der Hingabe, der Demut. Es ist Yin, weiblich, im Sinne von aufnehmend und sich öffnend. Nur in diesem bewussten Zusammenspiel der Kräfte entsteht ein echter Austausch, der wahre Befriedigung und Erfüllung durch das Erlauben von Nähe zurücklässt. Du öffnest dich, der andere gibt seine Energie bereitwillig nach außen (männlich in Sinne von Yang, nach außen gebend, verströmend, befruchtend), dadurch entsteht in ihm ein Energiesog, er öffnet sich seinerseits (Yin), und du gibst Energie durch dein Danke zurück (Yang).

Er befruchtet dich, du nimmst auf, dann befruchtest du sein Energiefeld durch dein Danke ebenfalls, und er nimmt den Dank an.

Auch andersherum gilt: Wenn du Hilfe bekommen hast und der andere gibt sich nicht mit einem aufrichtig gemeinten Danke zufrieden, dann war es keine Hilfe, sondern er wollte ein Geschäft mit dir machen. Wenn das abgesprochen war, wenn ihr über Leistung und Gegenleistung verhandelt habt, ist alles gut. Aber es hat nichts mit echter Hilfsbereitschaft zu tun.

Möchte dich der andere durch seine »Hilfe« in seine Schuld ziehen, bindest du dich an ihn, indem du seine Hilfe annimmst, dann hat das nichts mit Liebe zu tun, sondern mit Mangel und mit Macht.

Davon halte dich bitte fern. Wähle, wen du um Hilfe bittest, und erkenne an, dass das eine Auszeichnung ist. Denn um Hilfe zu bitten bedeutet, dem anderen einen Vertrauensvorschuss zu geben. Du zeigst dich bedürftig und riskierst ein Nein, wenn du um Hilfe bittest, du öffnest dich und erkennst die momentane Überlegenheit des anderen an. Er hat etwas, das du brauchst, und damit gibt es ein Machtgefälle. Energetisch ist das sichtbar. Missbraucht nun der andere seine momentane Machtposition, dann gehe bitte auf der Stelle weiter. Diese momentane Machtposition ergibt sich einfach daraus, dass du etwas brauchst, was der andere hat, das ist völlig natürlich und gehört zum Fluss des Lebens. Sie gilt aber nur für diesen Moment und löst sich auf der Stelle wieder auf, wenn du Danke gesagt hast. In Wahrheit ist es nicht einmal eine Machtposition, sondern einfach das Zusammenspiel der Lebensenergien. Sie brauchen sich nun einmal gegenseitig, um Leben zu schaffen.

Du kannst sehr wohl Danke sagen, aber du nimmst den Dank nur ungern an?
Dann erlaube ich mir, dich zu einer zweiten Übung einzuladen.

Übung: Dank annehmen

Setze dich bitte hin, und schreibe dir eine Liste mit all dem, wofür du dir selbst dankbar bist. Da fängt es schon an? Du bist dir für nichts dankbar, weil es doch selbstverständlich ist, dass du dies und jenes tust oder lässt? Nun, das ist es nicht. Traue dich, dir anzuschauen: Was hast du heute Gutes für dich getan oder Schädigendes unterlassen? Auf welche Weise hast du dir heute oder in der Vergangenheit selbst geholfen? Nun, du hast deine Ausbildung gemacht, obwohl es sicher manchmal schwer war, du hast dich gegen Widrigkeiten durchgesetzt, mit dem Rauchen aufgehört oder es reduziert, du hast etwas Gesundes gekocht und den dritten Kaffee weggelassen. Oder so ähnlich. Schreibe es dir bitte auf, auch wenn du dir dabei merkwürdig vorkommst. Und dann – nun wird es endgültig komisch, denkst du vielleicht, mache es bitte dennoch – dann setze dich vor einen Spiegel. Schaue dir in die Augen, und danke dir für jeden Punkt deiner Liste. »Ich danke dir, liebste Petra, Susanne, Sabrina oder liebster Ralph, dass du ...« Nimm bitte bewusst deinen aufrichtigen Dank an.

Du hast dir selbst zur Seite gestanden, und dafür gebühren dir Dank und Anerkennung.

Wenn du geübt hast, deinen eigenen Dank anzunehmen, dann hast du den größten Schritt bereits getan und kannst dich auch dem Dank anderer öffnen. Nimm ihn bitte an, auch wenn du ihn deinem Gefühl nach gar nicht brauchst. Es ist der Ausgleich, den der andere dir geben will, damit er energetisch nicht in deiner Schuld bleibt. Es ist für das emotionale Gleichgewicht des anderen wichtig, dass er dir Danke sagen kann und darf. Nimm den Dank probehalber in dich auf – möglicherweise nährt er dich mehr, als du glaubst.

Übung: Nur für heute

Diese kleinen Übungen kannst du alle auf einmal machen oder hintereinander – warum nur für heute? Weil du dein Augenmerk auf die Gegenwart legen darfst. Denn deine Energie, dein Kraftpunkt liegt immer im Jetzt. Morgen gibt es ein neues »Nur für heute«.

Übungen

Achte heute bitte ganz ausdrücklich darauf, dass du jedes Danke, das dir dein Partner schenkt, bewusst wahrnimmst und in dich hereinfließen lässt. Wiegele den Dank nicht mit einem »Ach, doch nicht dafür« oder« Schon gut« ab, sondern nimm ihn ausdrücklich an.

Bedanke du dich heute ausdrücklich für alles, was dein Partner für dich tut, egal, wie selbstverständlich es auch scheinen mag. Es ist nicht selbstverständlich. Denn dein Partner muss nicht an deiner Seite sein, er schenkt sich dir freiwillig.

Bitte deinen Partner heute mindestens zwei Mal um Hilfe – gib ihm eine Chance, diese Sprache der Liebe zu sprechen. Und gib dir selbst eine Chance, sie anzunehmen.

Frage deinen Partner heute mindestens zwei Mal, ob du etwas für ihn tun kannst oder darfst. Stehe zur Verfügung, schenke ihm bewusst deine Hilfsbereitschaft.

Die dunkle Seite der Hilfsbereitschaft

In der Sprache der Hilfsbereitschaft erkennst du an, dass es manchmal der Hilfe bedarf. Was aber, wenn du nicht unterscheiden kannst, ob diese Hilfe gebraucht wird oder nicht?

Was, wenn sich deine Sprache der Liebe in ihre dunkle Schwester, die Coabhängigkeit, verwandelt hat? Oder wenn du unter der Kontrolle und Coabhängigkeit deines Partners leidest?

In der Liebe räumst du dem anderen Steine aus dem Weg, unterstützt ihn, aber du kannst es auch lassen. Auch das Seinlassen gehört zur Hilfsbereitschaft, wenn du nämlich siehst, dass es für den anderen wesentlich ist, die Dinge allein zu schaffen. Du bedienst nicht seine Hilflosigkeit, sondern stärkst ihn durch deine Hilfe.

In der Liebe kannst du erkennen, auf welche Weise der andere deine Unterstützung braucht, weil du nicht abhängig davon bist, dass er dir etwas zurückgibt. Du bist frei, ihm zu geben, was er braucht, wenn es dir möglich ist – wenn nicht, dann erlaubst du, dass er auf andere Weise Hilfe bekommt.

In der Liebe kannst du erlauben, dass die Hilfe, die dein Partner braucht, auch von anderen kommen kann und darf – auch durch das Erlauben leistest du Hilfestellung.

In der Liebe achtest du darauf, dass du dir selbst die gleiche Hilfsbereitschaft zukommen lässt. Du schaust zunächst auf dich und deine Kraft, bevor du deine Liebe für andere zur Verfügung stellst.

In der Coabhängigkeit dagegen hilfst du, um etwas zurückzubekommen. Liebe, Aufmerksamkeit, Sicherheit, Zuwendung, gar Abhängigkeit. Du machst ein Geschäft. Du vernachlässigst die Beziehung zu dir selbst und nährst dich aus der Beziehung mit dem anderen. Du hilfst ihm auch dann, wenn du spürst, dass du ausgenutzt wirst, und sogar dann, wenn der andere deine Hilfe gar nicht haben will.

In der Coabhängigkeit kannst du nicht ertragen, dass dein Partner auch von anderen Menschen Hilfe bekommt. Du befürchtest, er braucht dich nicht und verlässt dich, wenn er sich anderen zuwendet.

In der Coabhängigkeit beutest du dich selbst aus. Weil du bestrebt bist, den anderen von dir abhängig zu machen, denn du brauchst ihn, achtest du nicht darauf, was dir selbst guttun würde. Du nutzt die Sprache der Hilfsbereitschaft, um den anderen an dich zu binden, statt dir selbst diese Hilfsbereitschaft angedeihen zu lassen. Du kontrollierst ihn und brauchst seine vermeintliche oder echte Schwäche, um dich sicher zu fühlen.

In der Coabhängigkeit ist dir nicht möglich, Nein zu sagen, selbst dann nicht, wenn du das Nein in dir laut und deutlich spürst. Und genau deshalb ist es eben auch keine echte Hilfsbereitschaft. Du machst dich zum Handlanger der Bedürfnisse des anderen, zum Erfüllungsgehilfen, statt einen Ausdruck echter Liebe zu schenken.

In der Coabhängigkeit neigst du dazu, den anderen zu überfahren. Dein Hilfsangebot kommt eher wie eine komplette Übernahme daher. Du übernimmst viel zu viel Verantwortung, manchmal sogar gegen den Willen des Partners.

Die wichtigste *Frage*, wenn du dem anderen
wirklich helfen willst, ist, besonders, wenn du zur
Coabhängigkeit neigst, diese:
»Brauchst du Hilfe? Und wenn ja, was brauchst du
von mir«?
Echte Hilfestellung gibt dem anderen das,
was er selbst nicht leisten kann. Und nur das.

Lebst du mit einem Partner zusammen, der Hilfsbereitschaft
von dir fordert, statt sie dankbar anzuerkennen, dann hast du
dich womöglich in eine süchtige Beziehung hineinbegeben.
Woher kommt das?

Nun, dazu gibt es viele Antworten, die alle mit dem inneren Kind zusammenhängen. Die weitaus wesentlichere Frage
ist: Wozu dient das?

Kann es sein, dass sich deine Seele ein bestimmtes For-
schungsfeld auserwählt hat? Dass sie alles über die Hilfsbereitschaft wissen will, also über das Ebnen der Wege anderer?
Das nutzt dir auch nichts, denkst du, und natürlich stimmt
das. Aber nicht nur. Denn wenn du das weißt, dann kannst
du aufhören, dir diese Erfahrung zu erschaffen. Oder sie anerkennen und bewusst durchleben, je nachdem. Wie geht das?

Wie hört man auf, sich eine bestimmte Erfahrung zu erschaffen? Da gibt es den irdischen Weg, um den wir nicht he-
rumkommen, und es gibt den spirituellen Weg, der genauso
wichtig ist. Ich biete dir beide an, schaue, welcher zunächst
für dich passend ist. Gehen solltest du sie beide. Es ist nichts

als Flucht vor der irdischen Erfahrung und dem wahren Reifungsprozess, wenn wir nur den spirituellen Weg gehen wollen und den irdischen Weg des Fühlens und der Handlung vernachlässigen. Und es funktioniert auch genau deshalb einfach nicht.

Warum nicht? Weil unsere Seele keine Heilung braucht. Sie ist heil. Sie braucht aber etwas anderes: Entwicklung, Reifung. Wir sind als Menschen auf der Erde, um zu erleben, wie sich Energie in Bewegung – E in motion – Emotion – anfühlt, damit unsere Seele daran reift. Wollen wir nicht fühlen, so versäumen wir genau das, wozu wir hier sind, nämlich die gelebte Erfahrung, die durchfühlte, durchdachte und durchlebte Wirkung von Energie in verschiedenen Frequenzen.

»Puh, das ist mir zu esoterisch«, seufzt du, und ich sage: »Entschuldige. Weg damit. Hin zu den Übungen.« Es ist mir nämlich egal, warum du die Übungen machst, die Hauptsache ist, du machst sie.

Die nachfolgenden Übungen kannst du auf alle Lebensbereiche anwenden, sie sind universell einsetzbar.

Übung: Gelebte emotionale Aufrichtigkeit

Wie hört man auf, sich eine bestimmte Erfahrung zu erschaffen? Die Lösung ist so einfach, dass du sie schon längst kennst, und doch so schwer durchzuführen, dass du sie bestimmt nicht hören willst.

Wenn dir etwas nicht guttut, obwohl du alles getan hast, um die Situation zu ändern, dann gehe weg. Sage Nein, und gehe. Es ist so einfach, einfach im Sinne von unkompliziert. Nicht leicht.

Warum durchleiden wir immer wieder das Gleiche, warum halten wir durch und aus? Weil wir eine sehr wichtige Gehirnfunktion haben, die Schmerzvermeidung heißt. Und solange der bekannte Schmerz immer noch geringer ist als die Angst vor dem Unbekannten, ist es für dein Gehirn sinnvoll, zu bleiben, wo du bist, auch wenn es eine Menge anderer Impulse gibt. Dein Körper zuckt und will gehen, du hast unterdessen sicher Verspannungen, atmest nur noch flach, hast Kopfschmerzen oder Knieprobleme. Der Körper will flüchten. Deine Emotionen erstarren. Dein Verstand beginnt, zu kontrollieren und dir die Dinge schönzureden. Du bist hin und her gerissen zwischen den verschiedenen Impulsen der Schmerzvermeidung, du erlebst Flucht, Angriff und Erstarrung zugleich. Was jetzt?

Nimm dir bitte ein paar Minuten Zeit, und werde still. Rufe dir die ungeliebte Situation vor Augen und ins Gefühl. Atme hinein. Fühle die Situation, egal, wie schrecklich sie sich auch anfühlt. Erlaube dir, deine Gefühle ohne jede Bewertung oder Kontrolle einfach zu fühlen. Angst, Wut, Schmerz, Verzweiflung – was immer du fühlst, lass es einfach einmal so, wie es ist. Das erfordert immense Bereitschaft und Konzentration, weil deine übliche Schmerzvermeidung greift. Doch deine

Entscheidung, diese Gefühle zu fühlen, ist stärker als das alte Muster. Du aktivierst durch das Fühlen deine emotionalen Selbstheilungskräfte, jene Kräfte, die dazu da sind, dich in einem größtmöglichen Gleichgewicht zu halten. Indem du sie aktivierst, bekommst du alles, was du brauchst, um die Situation zu ändern: Erkenntnis, Bewusstsein und die Kraft, anders zu handeln.

Und jetzt, egal, wie groß auch dein Nein zu all diesen Gefühlen sein mag, schenke ihnen ein Ja. Lächle dir selbst zu. Während du all das fühlst, sage laut den Satz:

»Wenn ich Ja sage zu diesen Gefühlen, dann ...«

Was ist dann? Wiederhole immer wieder diesen Satzbeginn, und vervollständige ihn.

Wenn ich Ja sage zu diesen Gefühlen, dann ...

... spüre ich Ohnmacht.
... bin ich wieder in meiner Mitte.
... kann ich aufatmen.
... weiß ich dennoch nicht, was ich tun soll.
... spüre ich den Panzer, der sich um mein Herz legt.
... spüre ich Enttäuschung.
... bin ich in meiner Wahrheit.
... kann ich die Situation so stehen lassen, wie sie ist.

Oder was immer du eben wahrnimmst! Das sind meine Antworten, nicht deine. Lass dir Zeit für dein Ja, und sprich es laut aus.

Und nun stelle dir vor, deine Gefühle und alles, was zu dieser schwierigen Situation gehört, also alle Gedanken, jede dazugehörige Körperempfindung und auch all die anderen Energien, die wirksam sind, fließen aus dir heraus und bilden zwischen deinen Händen eine Art Energieball. Rufe jetzt bitte eine Kraft, der du vertraust. Mutter Erde. Deinen Schutzengel. Deine erleuchteten Ahnen. Das Schicksal. Dein Krafttier. Die Kraft der Natur. Jesus Christus. An irgendetwas glaubt jeder. So rufe bitte eine Kraft, die größer ist, als du dich selbst erlebst. Vielleicht erscheint auf einmal ein Feuer, das Meer oder die Sonne. Alle inneren Bilder und Wahrnehmungen sind gleich gültig.

Wenn du diese Kraft vor dir spürst, siehst oder einfach weißt, sie ist da (und wenn nicht, dann tust du eben so, als wäre sie da), dann übergib ihr bitte diese nun sicher schwere Energiekugel. Lass los, und übergib diese Last an eine höhere Kraft. Loslassen heißt immer auch »überlassen«. Übergib die Energiekugel also einer Kraft, die größer ist als du selbst.

Bitte diese höhere Kraft darum, die Energiekugel, also dein Thema, auf eine höhere Schwingung zu bringen, Energie hinzuzufügen oder herauszuziehen, je nachdem, was hilft und was nötig ist.

Nach einer Weile oder auch auf der Stelle löst sich die Kugel in Licht auf, und all die Kraft, die es dich gekostet hat, diese Gefühle in dir in Schach zu halten, strömt als Lebensenergie zu dir zurück. Vielleicht bekommst du die Kugel wieder, aber anders: gereinigt, befreit von allem, was nicht dem Leben dienlich ist.

Jetzt spürst du sehr deutlich, was zu tun ist, denn jetzt wirkt die neue Kraft der Selbstheilung. Es kann sein, dass du auf einmal weißt, es lohnt sich, noch ein wenig durchzuhalten. Möglicherweise aber wird es auch Zeit, die Situation (nicht sofort den Partner oder die Arbeitsstelle) zu verlassen, indem du Nein sagst und an dieser Stelle nicht mehr mitspielst, nicht mehr zur Verfügung stehst.

Wann immer du ein Problem hast, sage Ja zu den Gefühlen, die es in dir auslöst. Noch einmal: Du heißt sie damit nicht gut. Du bist aber bereit, sie zu fühlen, eben damit sich die Dinge verändern können. Erst wenn du etwas geschluckt hast, kannst du es auch verdauen, sofern es überhaupt zu dir gehört. Deine Gefühle gehören ganz bestimmt zu dir.

Dann nutze das Loslassen und das Überlassen, damit deine Angelegenheiten transformiert werden.

Und am Ende HANDLE anders. Auf der Erde steht am Ende immer die Handlung. Nur die Handlung verbindet Himmel und Erde, alles andere sind Absichtserklärungen. Die wichtig sind. Notwendig. Aber nicht hinreichend.

Warum ist es bei allem Wissen so schwierig, anders zu handeln? Die Handlung verbindet Himmel und Erde. Und deshalb fordert die Handlung Verantwortlichkeit. Erst wenn du in die Tat kommst, bist du mit deiner Absicht für alle anderen sichtbar, und erst ab jetzt gibt es echte, äußere Konsequenzen. Handlung erfordert wahren Mut.

Die nächste Meditation berührt die geistige, die spirituelle Ebene. Auch sie kannst du universell anwenden. Sie bringt dich vom Karma, vom Lernen durch Konsequenzen, ins Dharma, dem Lernen durch bewusste, wahre Einhaltung der geistigen Gesetze – ins Lernen durch Freude und Einverstandensein statt durch Schmerz. Der Schlüssel: Selbstmitgefühl.

Das Selbstmitgefühl, das ich meine, bezieht sich auf die wichtigste Verbindung, die du nur haben kannst: die zwischen deiner Seele und dem Menschen, der du bist. Es ist senkrecht.

Denn nicht nur du als Mensch hast lange gebraucht, um dich zu *erinnern*, dass du eine *Seele* hast. Auch deiner Seele ist das Wissen, dass sie einen Menschen hat, im Laufe der Inkarnationen abhandengekommen – natürlich ist es das. Denn jedes Mal, wenn du verletzt wirst, zieht sich ein Stück Seele wieder zurück und »vergisst« diesen Schmerz – und damit diesen Aspekt des *Menschseins*.

Du entwickelst dich entlang einer Spirale. Im Schamanischen würde man sagen, du drehst dich auf einem Medizinrad, durchläufst immer wieder die gleichen Himmelsrichtungen, aber auf unterschiedlichen Ebenen. Auf jeder Ebene begegnen dir zumindest eine Zeit lang die gleichen Themen, aber eben immer subtiler, und du erkennst sie viel schneller. Du fühlst dich vielleicht jedes Mal genauso gefangen und unglücklich wie zu Anfang, aber wenn du genau hinschaust, bemerkst du, dass der Auslöser bereits sehr viel kleiner ist, dass du dich längst nicht mehr so tief zu verstricken brauchst, um die Situation zu durchschauen, dass du viel schneller Nein sagst und dich aus dem alten Muster befreist.

Wozu dient das eigentlich? Was will die Seele lernen? Wirklich nur, als Mensch aus emotionalen Mustern auszusteigen? Dadurch lernt sie auf Seelenebene noch nichts, dadurch entsteht noch lange keine geistige Entwicklung. Was also ist die Seelenabsicht, wozu dienen all diese menschlichen Erfahrungen der Seele, wer will eigentlich wachsen? Nun, vor allem erkennt die Seele, mit welchen Emotionen bestimmte Ereignisse und Situationen gekoppelt sind.

Für die Seele geht es darum, zu entscheiden, dir, dem Menschen, aus Liebe zu sich selbst und aus Mitgefühl mit dem fühlenden Wesen, das sie ja selbst ist, diese Erfahrungen nicht mehr zuzumuten. Für die Seele geht es darum, dich in deinem menschlichen Schmerz wahrzunehmen und damit eine ganz neue Eigenschaft zu entwickeln: das Mitgefühl mit sich selbst, mit dem Menschen, der du bist.

Auch die Seele darf bewusste *Achtsamkeit* in ihrer Beziehung zu dir, dem Menschen, lernen.

Und dazu braucht sie viele, viele Wiederholungen – so lange, bis du selbst als Mensch mit ihr sprichst, bis du aufhörst, dich als Opfer deiner Seelenentscheidungen wahrzunehmen, bis du sie bittest, dir von nun an liebevollere, zärtlichere Situationen zu erschaffen, weil es so wehtut.

Die Seele weiß nichts von emotionalem Schmerz. Im Gegenteil. Tut es zu weh, spaltet sie sich ab, um zu überleben. Es ist wichtig, dass du als Mensch mit all dem, was du fühlst, bewusst zu deiner Seele hingehst und ihr deinen Schmerz zeigst. Erst dann, wenn du das getan hast, hast du wirklich für dich selbst gesorgt und dir selbst auf höchster Ebene von deinem Schmerz erzählt, dir selbst auf höchster Ebene zugehört und dir Mitgefühl geschenkt. Und erst dann wird diese Erfahrung beendet – deshalb all diese Umdrehungen.

Ich nenne diesen Vorgang »senkrechtes Mitgefühl entwickeln«, im Gegensatz zum »waagerechten Mitgefühl« zwischen Mensch und Mensch. Das Mitgefühl zwischen den erwachten, mitfühlenden Seelen selbst nenne ich »Seelenmitgefühl«[*]

Übung: Senkrechtes Mitgefühl – von Mensch zu Seele und von Seele zu Mensch

Mache es dir bequem, es gibt nichts mehr für dich zu tun, als einfach hier zu sein. Du brauchst niemandem zu gefallen, nicht einmal dir selbst. Dein Atem darf kom-

---

[*] mehr dazu im Buch »Die Sprache des Lichts«, Schirner Verlag, Darmstadt 2014

men und gehen, wie es ihm gefällt, er darf tiefer werden, wenn sich das gut anfühlt. Erlaube dir, ganz im jetzigen Moment anzukommen.

Stelle dir nun bitte eine Lichtsäule vor, die dich mit deiner höchsten Seelenebene verbindet. Tritt mitten hinein in diese Lichtsäule, und erlaube, dass dich das Licht durchströmt. Im Licht schmilzt alles aus dir heraus, was nicht mehr zu dir gehört, es steigt ganz einfach nach oben oder fließt in die Erde. Du wirst immer leichter, eben weil alles aus dir herausfließt, was nicht mehr zu dir gehört. Nach einer kleinen Weile beginnst du, zu schweben, oder du dehnst dich immer weiter in der Lichtsäule aus, wirst größer und größer und erreichst immer höhere Ebenen. Dein Bewusstsein öffnet sich weiter und weiter, bis du dein Seelenbewusstsein spürst. Es kann sein, dass dir die Seelenebene seltsam unpersönlich vorkommt, beinah distanziert. Wenn das so ist, dann lass es genau so sein, es ist vollkommen in Ordnung. Bleibe in dieser hohen Bewusstseinsebene, und stelle dir nun gleichzeitig eine sehr schwierige menschliche Situation vor, die du erlebt hast. Fühle, was du fühlst, während du gleichzeitig die unpersönliche Seelenebene wahrnimmst. Das mag ungewohnt sein, doch all das bist du, so kannst du auch auf all diesen Ebenen zugleich bewusst anwesend sein. Nun atme den Schmerz oder die Angst, den oder die deine menschliche Ebene in dieser schwierigen Situation spürt, ganz tief ein, das Gefühl gehört zu dir. Atme es auf menschlicher Ebene ein – und atme es in die Seelenebene aus. Auf diese Weise transportierst du das Wissen, die gefühlte Erfahrung des Menschen, der du bist, hinauf in dein Seelenbewusstsein. Tue das so oft, bis deine Seele bemerkt, was sie angerichtet, was sie dir erschaffen hat. Es wird Zeit, dass auch die Schöpferebene Achtsamkeit und Mitgefühl entwickelt, menschliche Eigenschaften, die es auf Seelenebene nicht gibt, weil sie dort nicht nötig sind. Denn genau dazu dienen all diese menschlichen Erfahrungen, die du gemacht hast. Atme also immer wieder das in die Seelenebene aus, was du als Mensch fühlst, und bitte deine Seele, ihren nächsten Entwicklungsschritt zu vollziehen: eine mitfühlende, bewusst liebevoll und achtsam erschaffende Seele zu werden. Denn die Seele erschafft die Umstände, die der Mensch er- und durchlebt. Reift sie, indem sie sich der Auswirkungen ihrer Schöpferkraft bewusst wird, kann sie in Achtsamkeit und Liebe erschaffen. Nun strömt Energie in deine Seele hinein, Licht, rosa vielleicht, oder sie wird insgesamt heller und weicher. Ein Lichtstrahl fließt von der nun erwachten Seele hinein in den Menschen, der du bist, und du fühlst dich wahrgenommen, getragen und liebevoll umhüllt. Genieße dieses Getragensein. Etwas in dir entspannt sich tief, und du beginnst, deiner Seele auf ganz neue Weise zu vertrauen. Denn nun weißt du, sie nimmt dich in deiner Verletzlichkeit wahr und wird dir dein Leben von nun an auf eine neue, liebevollere Weise gestalten. Bitte sie, dir die Erfahrung von Glück, von Freude, von Frieden zu erschaffen – oder eben das, was du für dich als wesentlich und wertvoll erachtest.

Bleibe noch in der Lichtsäule, solange es sich für dich gut anfühlt, und nimm all diese unterschiedlichen Bewusstseinsebenen wahr – das alles bist du, das alles gehört zu dir. Du erkennst, wie wichtig es ist, dass all diese verschiedenen Ebenen in dir miteinander kommunizieren und sich gegenseitig mitfühlend anerkennen. Immer stärker wird die liebevolle Verbindung zwischen Seele und Mensch, immer deutlicher spürst du die Liebe und das Mitgefühl deiner Seele in deinem Körper.

Ist deine Liebessprache gleichzeitig zum Suchtmittel geworden, dann übe dich für eine Weile in Enthaltsamkeit. Ich weiß, das ist fast nicht möglich, denn sonst wäre es ja kein Suchtmittel. Übe dennoch, das, was du anderen im Übermaß gibst, zunächst dir selbst zukommen zu lassen. Denn sonst liebst du nicht, sondern du beutest aus, dich selbst und auch deinen Partner. Erkenne bitte an, dass dein Ausdruck von Liebe auch dann überstrapaziert wird, wenn der Partner ihn fordert oder wenn du ihn nutzt, um nun deinerseits Energie zu bekommen. Es ist meistens das verletzte innere Kind des anderen, das sich an dich klammert und dich braucht, sowie dein eigenes, das gibt und gibt, um endlich doch noch geliebt zu werden. Das hat aber mit echter Liebe nicht viel zu tun.

Übung

Schreibe dir für ein paar Tage bitte auf, in welchen Situationen du deinem Partner geholfen hast, und mache je ein + oder ein – dahinter. Wolltest du ihm helfen? Hat es ihm gedient? Hat es sich gut angefühlt? Brauchte er denn deine Hilfe, oder forderte er sie gar? Hattest du die Wahl, Nein zu sagen? Wurde deine Hilfe anerkannt?

Schreibe dir bitte gleichermaßen auf, in welchen Situationen du dir selbst Hilfestellung gabst oder um Hilfe batest. Ich hoffe sehr, dass diese Liste mindestens so lang wird wie die erste.

Übe von nun an, achtsamer mit deiner Hilfsbereitschaft und der des Partners umzugehen, indem du sie bewusster wahrnimmst und annimmst oder gibst.

Zweisamkeit – Verschmelzung und einen größeren Raum schaffen

Pol: weiblich, Raum erschaffend, hingebend
Qualität: vereinend

In der Energie der Zweisamkeit geht es um etwas völlig anderes als bei der Hilfsbereitschaft. Du teilst deine Liebe, indem du dich ausdehnst und einen absichtslosen Raum erschaffst. Du bist einfach da und erlaubst dem anderen, dir nah zu sein und dich emotional, spirituell und mental zu berühren. Du öffnest deine Chakren und bist bereit, mit dem Energiefeld des Partners zu verschmelzen, und das ist auch dein Wunsch. Zweisamkeit funktioniert nur, wenn auch der andere Energie gibt, sich nicht nur öffnet, sondern seinerseits bereit ist, ein gemeinsames Feld zu erschaffen. Ihr berührt euch über das Dasein, indem ihr euch füreinander öffnet und euch emotional und energetisch berührbar macht. Du zeigst deine Liebe, indem du dem Partner dein Energiefeld zur Verfügung stellst, damit ein größeres Schöpferfeld entstehen kann. Das größere Energiefeld entsteht zwischen euch beiden, wird von euch beiden genährt. Während die Liebe bei der Hilfsbereitschaft immer mit einer Handlung gekoppelt ist (auch Zuhören ist eine Handlung), so zeigt sie sich in der Zweisamkeit durch das absichtslose Dasein. Die Botschaft an den Partner lautet:

»Ich öffne mich dir, ich zeige dir mein Energiefeld, ich dehne mich aus, damit wir miteinander verschmelzen können, ich wünsche mir, dass meine und deine Energien zusammen etwas Größeres ergeben, und ich möchte dieses gemeinsame Energiefeld so innig wie möglich spüren. Ich stelle dir meine reine Anwesenheit zur Verfügung, in Liebe und Offenheit für dich teile ich den Raum mit dir. Ich biete dir die energetische Einheit mit mir an.«

Spricht unser Partner eine andere Sprache, dann bleiben wir unerfüllt. Wir wollen verschmelzen und einen gemeinsamen

Energieraum bilden, doch der andere steht nicht zur Verfügung. Etwas in uns bleibt leer, kann nicht in Resonanz kommen.

Möglicherweise versuchen wir, diese Nähe über Sex, über Hilfsbereitschaft oder über gemeinsame Hobbys herzustellen, doch der Kern wird davon nicht berührt.

Die innere Reise: Zweisamkeit – ein größeres Energiefeld schaffen

Mache es dir bequem, lege dich hin, es gibt nichts mehr für dich zu tun, als einfach hier zu sein und deinen inneren Bildern zu folgen. Diesen inneren Bildern darfst du vertrauen, du darfst dem, was du fühlst und wahrnimmst, vertrauen.

Vor dir entsteht eine Lichtsäule, die dir Wärme und Leichtigkeit anbietet, und du trittst hinein. Augenblicklich durchströmt dich das Licht der Lichtsäule, du entspannst dich noch tiefer, wirst immer leichter. Engel erscheinen, wenn du an Engel glaubst. Wenn nicht, dann stelle dir vor, du bist von lichtvollen Begleitern umgeben. In dieser Welt ist das möglich, einfach so, egal, ob es das tatsächlich gibt oder nicht. Diese Lichtwesen lassen dich nun so leicht werden, dass du in dieser Lichtsäule wie in einem Aufzug nach oben steigst, du schwebst und wirst immer leichter. Dein Geist öffnet sich, dein Bewusstsein wird weiter. Immer mehr entfernst du dich von der Bürde des Menschseins, lässt all die Anstrengungen hinter dir und beginnst zu lächeln. Die Lichtwesen heben dich noch ein Stück weiter hoch – und jetzt entsteht ein Raum, ein lichtvoller Energieraum, weicher und heller, als du es je gesehen hast. Etwas in dir kann loslassen, Ruhe und Frieden finden, möglicherweise fühlst du dich gar, als seiest du nach Hause gekommen. Eventuelle Lasten fallen vor dir ab, alles, was du für andere getragen hast, kannst du nun loslassen. Die Lichtwesen nehmen es dir sanft von den Schultern und lösen auch die harten Panzerungen ab, die sich in deinem Energiekörper gebildet haben. Dadurch darf auch dein physischer Körper weicher werden, sich tiefer entspannen, du atmest freier und kommst noch mehr bei dir an. Du schaust dich um und erkennst sehr viele Lichtwesen, Engel oder wie immer du sie wahrnimmst. Sie sind unterschiedlich, fühlen sich auch unterschiedlich an. Eines der Lichtwesen kommt nun auf dich zu.

»Ich bin der Engel der Zweisamkeit«, sagt es dir. »Ich zeige dir, wie ich wirke«. Der Engel beginnt, zu strahlen und dich mit deinem Licht zu berühren, und du spürst, er sendet dir damit eine Einladung. Du darfst, wenn du das willst, nun deinerseits zu strahlen beginnen und dein Energiefeld mit seinem verschmelzen lassen, um zu sehen, was daraus entsteht. Du spürst ganz deutlich, seine Anwesenheit ist eine Einladung an dich, ihn zu berühren und dich selbst berühren zu lassen, um einen größeren Raum zu erschaffen, der nur durch euch entstehen kann.

Ohne dass du weißt, wie, öffnest du dich auf einmal, und deine Energie beginnt, mit der des Engels zu verschmelzen. Während das geschieht, erkennst du, dass du dabei voll und ganz bei dir selbst bleibst, du hältst deinen eigenen Energieraum, erweiterst dich, nimmst den Engel und dich selbst gleichermaßen wahr. Du kannst überhaupt nur dann mit der Energie des Engels eins werden, wenn du auf Augenhöhe mit ihm stehst. Sonst gibt er dir Energie, aber es entsteht kein größeres Feld. All das wird dir bewusst, während dein Energiefeld mit dem des Engels verschmilzt. Mehr und mehr öffnest du dich und erlebst das Neue, das durch euch beide entsteht. Das Neue, das einzigartig ist und nur entstehen kann, weil ihr euch gerade jetzt trefft und euch füreinander öffnet. Irgendwann beginnt der Engel, sanft seine Energie wieder zurückzuziehen, und du fühlst, wie sich dadurch auch das gemeinsame Energiefeld verändert. Und auf einmal wird dir klar, warum es sicherer sein könnte, sich erst gar nicht zu öffnen. Zu einsam, zu leer bleibst du zurück, wenn du eine Verschmelzung anbietest, die nicht erwidert wird. Nun zeigt dir der Engel eine Situation auf der Erde, eine Situation, in der zwei Menschen im gleichen Raum sind. Sie scheinen getrennt voneinander zu sein, jeder kümmert sich um seine Angelegenheiten. Sie nehmen sich gegenseitig nicht wahr. Ihre Energiefelder berühren sich, aber sie stören sich eher, als dass sie etwas Größeres miteinander erschaffen. Vielleicht rangeln sie um Vorherrschaft, vielleicht saugen sie sich gegenseitig Energie weg oder prallen aneinander ab. Von hier oben kannst du das sehr gut erkennen. Nun öffnet sich der Engel und sendet seinen Strahl der Zweisamkeit in diese Situation hinein. Schaue nun, was geschieht. Die Menschen wenden sich einander zu, werden gewahr, dass noch jemand im Raum ist, nehmen sich gegenseitig wahr. Etwas in beiden öffnet sich, das Energiefeld wird wärmer, größer, auf angenehme Weise dichter, und es entsteht ein schöpferischer, neuer Raum. Tatsächlich ist es, als verdichte sich das Feld, als könne in diesem gemeinsam geschaffenen Energiefeld neues Leben entstehen. Du verstehst, dass solch ein neuer Raum nur entsteht, wenn sich beide öffnen und etwas von sich hineinfließen lassen, einfach so, indem sie da sind. Es ist eher ein Erlauben als eine Handlung.

Der Engel verstärkt seine Strahlkraft, und du erkennst noch deutlicher, was mit »Zweisamkeit« gemeint ist. Du fragst den Engel, ob das dein wahrhaftiger, ursprünglicher Ausdruck von Liebe ist, und lässt dich von der Antwort berühren. Wie immer sie ausfällt, nimm sie in dich auf. Womöglich hat sich dein Ausdruck sehr verdreht, weil du als Kind nicht gesehen wurdest, und du kannst dich selbst nicht mehr erkennen. Frage nun auch, ob dieser Ausdruck der Liebessprache deines Partners entspricht.

Lass alles für den Moment sein, wie es ist, und lass dich von der Anwesenheit der Engel berühren, heilen, trösten. Auch wenn du nicht die Sprache der Zweisamkeit sprichst, so kannst du jederzeit um Verschmelzung mit einem Engel bitten, um ein höheres Energiefeld, das aus deiner Energie und der eines Engels besteht. Lass dich dann in der Lichtsäule sanft nach unten sinken, und komme in deiner Zeit in den Raum zurück, in dem du dich befindest.

Die große Herausforderung in der Zweisamkeit ist die, berührbar zu sein und für sich selbst stehen zu können. Wenn du dazu neigst, dich selbst aufzugeben, und wenn du dein eigenes Energiefeld, deine Mitte, nicht gut halten kannst, sobald dir ein anderer nahekommt, dann verschwindest du im anderen, statt mit ihm ein gemeinsames Energiefeld aufzubauen. Du bist nicht mehr fühlbar, eure Energien verstärken sich nicht, sondern es entsteht geradezu ein ermüdender Sog. Ermüdend, weil du dich gegen den Energieraub wehren musst und weil dir der andere Energie nimmt. Zweisamkeit kannst du nur zelebrieren, wenn du mit dir selbst im Reinen bist. Es braucht nun einmal zwei dafür, zwei Ganze, sonst wird aus der Zweisamkeit hilfloses Klammern.

Übung

Setze dich bitte zu deinem Partner, und schließe die Augen. Atme. Sei einfach da. Rede nicht mit ihm, sei nur da, und nimm wahr, was passiert. Nimm deine Wünsche und Anforderungen an ihn, so gerechtfertig sie auch sein mögen, für einen Moment zurück, und sei nur da. Schenke ihm deine Anwesenheit, deinen Atem, deine Lebenszeit, ohne etwas zu wollen. Es mag sein, dass das für dich nur ganz schwer auszuhalten ist, bist du doch üblicherweise effektiv und zielorientiert. Und es ist noch so viel zu tun ... Nun, es ist immer »noch so viel zu tun«, und das weißt du auch. Sei nur da. Trinke weder Kaffee, noch lies etwas, sitze bei ihm, und atme. Komme noch ein wenig tiefer bei dir selbst an, stelle dir vor, du ziehst deine Aufmerksamkeit immer weiter zu dir zurück, aus all deinen Angelegenheiten und Ideen, aus all deinen Plänen und aus dem, was dich beschäftigt, immer weiter in deinen Körper hinein. Wenn du so sehr in dir angekommen bist, wie das heute möglich ist, dann stelle dir vor, in deinem Inneren scheint ein Licht. Wo spürst du dieses Licht in dir? Nun lass es heller scheinen, so hell, dass es nach außen strahlt und auch deinen Partner erreicht. Gib dem Licht keine Richtung, lass es einfach nur heller werden, so strahlt es ganz von selbst auch deinen Partner an.

Bleibe so lange in diesem Licht sitzen und atme, bis du die inneren Bilder nicht mehr halten kannst oder spürst, es ist genug. Es geht bei dieser Übung nicht darum, den ganzen Tag möglichst »erleuchtet« Energie auszuatmen, sondern dich selbst bewusst zur Verfügung zu stellen. Und sei es für eine Minute. Mache das bitte immer wieder, drei, vier Mal am Tag, auch wenn dein Partner es gar nicht bewusst wahrnimmt. Wenn ihr wollt, könnt ihr diese Übung natürlich zu zweit durchführen, aber auch wenn du dich einfach zu ihm setzt, bewegst du bereits sehr viel. Sein System wird bemerken, dass du wirklich, das heißt, wirksam und zur Wechselwirkung bereit, da bist, und darauf reagieren.

Eines ist wichtig bei dieser Übung: Achte bitte darauf, ob du nach einer kleinen Weile beginnst, mit deiner Aufmerksamkeit beim Partner zu sein, ob du also eher ihn wahrnimmst als dich selbst. Diese Gefahr ist groß in der Zweisamkeit. Ziehe bewusst deine Aufmerksamkeit immer wieder zu dir zurück, und atme in deinen Bauch. Denn sonst bietest du nicht Zweisamkeit an, sondern du spielst energetische Inquisition, du befragst deinen Partner, statt den Raum mit ihm zu teilen.

Viele Menschen vermeiden *Zweisamkeit,* weil sie mit ihrer Aufmerksamkeit nicht bei sich selbst bleiben können, sondern sofort beginnen, *für den anderen zu sorgen,* darauf zu achten, was er braucht und ob es ihm gut geht. Und so benötigst du, gerade wenn du die Zweisamkeit zelebrieren willst, genug *bewusstes Alleinsein* mit dir. Denn es geht nicht um Verschmelzen, sondern darum, *beieinander zu sein.*

Ganz leicht kannst du diese Zweisamkeit mit Tieren erleben, sie sind da, legen sich zu dir, teilen ihren Raum mit dir, ohne etwas zu wollen. Sie schenken dir ihre pure Anwesenheit. Wenn du das einmal erlebt hast, dann weißt du, welch großes Geschenk es ist, wenn jemand bei dir ist, ohne dass er dich fordert. Dieses Geschenk machst du deinem Partner, wenn du einfach bei ihm bist.

Übe es täglich, dich zu ihm zu setzen und ihn dennoch in Ruhe zu lassen, bei dir zu bleiben, zu atmen und deine Energie wirken zu lassen, statt in seiner, entschuldige, herumzustochern.

Männer erleben Frauen in der Zweisamkeit meistens als bohrend, deshalb meiden sie die Zweisamkeit. »Wie geht's dir, was hast du heute gemacht, brauchst du was ...?« Dabei wollen sie nur ihre Ruhe. Frauen dagegen erleben ihre Männer oft genug als mürrisch und schweigsam, geradezu desinteressiert. Der Mann fragt weder, wie es ihr geht, noch, ob sie etwas braucht, er sitzt einfach nur da und starrt in seinen Tee oder Kaffee.

Wenn du nun weißt, dass wir ein Schmerzvermeidungssystem in unserem Gehirn haben, wenn du außerdem noch weißt, dass sich das Gehirn unangenehme Erfahrungen weitaus schneller merkt als positive, weil das zum Überleben wichtig ist, dann kannst du dir auch vorstellen, dass wir uns die Zweisamkeit geradezu abtrainieren, wenn wir uns gegenseitig nerven oder enttäuschen, statt das zu tun, worum es geht: Raum teilen. Da sein. Wie sich eine Katze zu dir legt, einfach so, um bei dir zu sein, so setze dich zu deinem Partner, und probiere aus, wie sich das anfühlt. Es ist schwierig, einmal nichts zu wollen, es gibt so viel zu besprechen, und sicherlich bist du auf deine Weise auch bedürftig nach Nähe – wer ist das nicht? Enthalte dich aller Fragen. Sei nur da. Probiert das von nun an jeden Tag für ein paar Minuten aus, verabredet oder nicht, und schaut, was geschieht.

Heißt das, ihr sollt nicht reden, sondern stumm und erleuchtet beieinandersitzen? Natürlich nicht. Missbraucht die Zweisamkeit aber bitte nicht für Meetings. Ein »Meeting« nenne ich ein bewusstes Gespräch über praktische Angelegenheiten, über das, was erledigt werden muss, darüber, was eingekauft wird und wie ihr mit dem brotlosen Berufswunsch eurer Tochter umgeht.

In der Zweisamkeit verbringt ihr bewusst miteinander Zeit, die euch Freude bereitet, die weder zur Problemlösung dient noch zur Erledigung von Aufgaben. Ihr schenkt euch einen absichtslosen Raum, der sich entfalten darf. Das ist sicher schwierig, wenn es so viel zu besprechen gibt, wenn ihr euch verletzt habt, wenn Probleme gelöst werden müssen. Doch gerade dann ist es wichtig, dass sich eure gemeinsamen Energien entfalten dürfen, Platz bekommen, Zeit, dass sie sich zeigen dürfen, wie sie sind.

Selbstverständlich zählt auch alles, was ihr miteinander teilt, zur Zweisamkeit – wenn es dabei um euch geht und nicht um die Erledigung einer Aufgabe.

Außer, du bist ein Mann.

Deshalb ausdrücklich für Frauen:
Dein Mann spürt sich selbst über das Tun, nicht über das Gefühl. Das ist gut so, denn das Männliche zeugt das Leben außerhalb seines Körpers. Es schleudert seine Mitte, sein Feuer

nach außen und spürt sich über das, was es tut. Zweisamkeit bedeutet für einen Mann, gemeinsam Dinge zu tun. Einfach beieinanderzusitzen erfüllt ihn womöglich nicht, außer, er ist sehr geübt darin, seine eigene Energie auch im Nichtstun zu fühlen. Das sind aber wenige, und das ist auch nicht das Ziel. Wenn du also Zweisamkeit mit einem Mann erleben willst, dann schlage ihm eine gemeinsame Unternehmung vor. Zwinge ihn nicht, sich zu dir zu setzen und mit dir zu reden, wenn du ihn erreichen willst. Tue etwas mit ihm, denn auf diese Weise gibt er seine Energie nach außen.

Was er aus schamanischer Sicht braucht:

Eine Kameradin, die ihm den Rücken stärkt und ihn für seine Taten anerkennt, die seinen Traum teilt und ihn bei dessen Verwirklichung unterstützt. Eine Verbündete, die ihn anfeuert und seine Erfolge mit ihm feiert, die unter allen Umständen zu ihm steht. Ein Mann misst seinen Erfolg an dem Produkt, das er erschaffen hat. Ist er gereift, dann handelt er in Würde und Verlässlichkeit und fordert dafür Respekt. Er findet seine wahre Heimat im Schoßraum der Frau, die er liebt, das kann auch Mutter Erde sein.

Ein ganz einfaches Beispiel:

Du machst jeden Morgen einen grünen Smoothie, um sie zu erfreuen und um ihr etwas Gutes zu tun. Nimmt sie ihn an, sagt sie dir Danke, freut sie sich, dass du für sie zur Tat geschritten bist?

Als Mann bist du stolz auf das, was du geschaffen hast, und du gibst es gern weiter. Du brauchst den Dank und die Anerkennung dafür, dass du deine Energie für sie eingesetzt und deine Absichten in die Tat gebracht hast.

Ausdrücklich für Männer:
Frauen erleben sich selbst über das Fühlen, über die Innenschau. Wir hüten das Leben in unserem Innen und sind deshalb in uns zu Hause, nicht in unserem Tun. Unser Tun bildet den Ausdruck unserer Mitte, ist aber nicht unsere Mitte selbst. Wir spüren Zweisamkeit, wenn du zuhörst, mitfühlender Zeuge bist (möglichst ohne etwas dazu zu sagen), wenn du dich für uns interessierst, wenn wir dir unsere Mitte zeigen dürfen, und das ist es, was wir uns von dir wünschen. Wir geben unsere Energie nach außen, indem wir unsere Gefühle zeigen.

Was sie aus schamanischer Sicht braucht:

Die Frau gibt das Leben und ist bereit, extrem viel dafür zu tun, dass dieses Leben lange währt und gesund bleibt, wenn sie liebt. Wir nähren den Raum, den wir hüten, sind daran interessiert, dass es allen im Raum gut geht, wir hüten das Innen. Wir geben Informationen weiter, vernetzen, sorgen für Gesundheit und Wohlergehen. Wird dieses Nähren nicht gesehen, nicht anerkannt, dann trifft uns das tief im weiblichen Selbstverständnis und im weiblichen Selbstwertgefühl. Von einem Mann brauchen wir ein Ja auf folgende Fragen: Ist er fähig und bereit zum echten Miteinander? Ist er mit seiner Tatkraft präsent, kann ich mich auf ihn verlassen? Steht er mit mir und neben mir in dem Kreis, den ich hüte, geht er mit mir durch dick und dünn? Hegt und pflegt er unsere gemeinsamen Projekte? Trägt er sein Bestes dazu bei?

Erlaubt er mir überhaupt, dass ich ihn nähre? Nimmt er mein Angebot an? Meine Energie, meine Freude, meine Lust, alles, was ich bin?

Ein ganz einfaches Beispiel:

Du machst jeden Morgen einen grünen Smoothie, damit er alle Nährstoffe bekommt – sagt er Danke und trinkt ihn? Hast du eine Chance, ihn gesund zu halten?

Als Frau ist dir der Inhalt wichtig, es geht nicht darum, dass du diesen Smoothie gemacht hast, sondern darum, dass du etwas zu seinem Wohlbefinden beiträgst. Du brauchst den Dank für deine Absicht, ihn zu nähren und gesund zu erhalten.

Klingt das, als wolle ich Klischee-Schubladen aufziehen? Vielleicht. Es lohnt sich dennoch, zu überprüfen, ob das stimmt. Ihr wollt sonst beide das Gleiche, kommt aber nicht zueinander. Und weil im Alltag zu wenig Zeit ist, sich das klarzumachen, sage ich es euch hiermit.

Ich kann es nicht oft genug sagen: Natürlich gilt das nicht für alle Männer und für alle Frauen. Vielleicht lebst du in einer homosexuellen Beziehung, dann stimmt das sowieso nicht. Nimm dir bitte einfach das, was dir dient, und lass den Rest stehen, ein anderer kann damit etwas anfangen. Ich biete dir ein Büffet an Möglichkeiten an, nimm, was dir dient, lass das andere für andere liegen. Nicht alles passt für jeden. Du kannst diskutieren oder dir schlichtweg nehmen, was du brauchst, und einfach weiterlesen. Ich glaube, die zweite Variante ist energieeffizienter. Streiche doch einfach durch, was nicht zu dir passt.

Was aber, wenn du dich selbst nach Zweisamkeit sehnst und dein Partner sie dir nicht zur Verfügung stellt? Übe zunächst, dir selbst zur Seite zu stehen. Denn wer weiß, womöglich haben sich Sehnsüchte in deinen Wunsch eingeschlichen, die vom Partner nicht erfüllt werden können, und er spürt einen unangenehmen Sog. Oft genug kennt ein Partner die Sprache der Liebe des anderen gar nicht oder ist als Kind damit zurückgewiesen worden. Denn Kinder sprechen ganz natürlich alle diese Sprachen, wenn auch in unterschiedlichen Ausprägungen. Auf das innere Kind schauen wir später, hier zunächst eine Übung, mit der du spüren kannst, wie sich dein Partner fühlt – auch diese Übung ist natürlich für alle Sprachen anwendbar.

Wie man Energiefelder von anderen Menschen oder auch Tieren spürt, dazu gibt es unzählige Bücher und Techniken. Hier ist die, aus der heraus im europäischen Raum viele andere, wie zum Beispiel das Familienstellen nach Hellinger, entwickelt wurden. Ich gebe dir diese Basisübung, damit du sie durchführen kannst, auch wenn du von Familienstellen oder anderen Techniken wenig weißt. Die Gestalttherapie ist von Fritz und Laura Perls entwickelt worden und bildet für viele der heutigen Therapieformen (wie auch für das Familienstellen) eine stabile und erprobte Grundlage. Die nachfolgende Übung ist die bekannteste Achtsamkeitsübung aus der Gestalttherapie, und ich verneige mich tief vor den Entwicklern.

Übung: Der Leere Stuhl

Nimm bitte zwei Stühle, und entscheide zunächst, welcher für dich steht und welcher für deinen Partner. Stelle die Stühle in einem Abstand zueinander auf, der sich für dich gut und richtig anfühlt. Lass dabei deine Vorstellungen und Wünsche ruhen, und folge deinem Gefühl. Deine emotionale Intuition tief im Bauch weiß genau, wie diese Stühle zueinander platziert werden wollen und müssen, damit es stimmig ist.

Setze dich dann auf den Stuhl, welcher für dich steht. Atme. Fühle dich, nimm dich selbst wahr, so gut das geht. Nimm vor allem wahr, wie du dich in Bezug auf dein Gegenüber empfindest. Kannst du gut bei dir bleiben? Willst du weg, näher dran, verschmelzen, dich abwenden …? Es gibt nichts zu verändern, schaue es dir nur an. Es hilft, wenn du deine Impulse leise aussprichst. Zum Beispiel:

»Du könntest ruhig noch ein bisschen näher bei mir stehen … ich fühle mich wohl mit dir, ich kann gut atmen … ich freue mich über dich …« Oder aber auch: »Das ist mir zu nah … ich wende mich ein bisschen ab… ich bin traurig …« Das Wesentliche ist, wahrhaben zu wollen, was du fühlst, und es so stehen zu lassen, wie es ist. Nun stehe auf, schüttele die Emotionen ab, und setze dich auf den Platz des Partners. Schaue von da aus auf deinen Platz. Wie geht es dem Partner mit dir? Sprich auch das aus, besonders in Bezug auf deine Fragen zur Sprache seiner Liebe. Es ist, wie es ist, und wenn du die Wahrheit des anderen spürst, dann kannst du sie anerkennen und damit in Frieden kommen. Meistens zeigt sich die Sichtweise des Partners ganz anders, als wir dachten. Nun erkennst du die wirkenden Energien, Gefühle, Befürchtungen und Sehnsüchte. Lass sie sein, wie sie sind. Oft genügt es, sie zu sehen.

Setze dich dann noch einmal auf deinen Stuhl, und erkenne, ob sich deine Sichtweise geändert hat. Sprich wieder alles aus, was du wahrnimmst.

Dann stehe auf, stelle die Stühle bewusst wieder auseinander, und beende die Übung.

Du kannst sie jederzeit wiederholen und von beiden Positionen aus alles sagen, was du zu sagen hast.

Übung: Die Wunschbox

Ich möchte euch ein Angebot machen: Stellt euch eine Schachtel an einen gut sichtbaren Platz. Legt zwei Zettelblöcke daneben – in zwei unterschiedlichen Farben.

Wählt, wer welche Farbe nimmt. Natürlich braucht ihr auch Stifte. Wann immer nun einer von euch einen besonderen Wunsch in Bezug auf Zweisamkeit hat, sei es eine gemeinsame Unternehmung, eine Massage oder einen kurzen, stillen Moment am Küchentisch, dann schreibt er es auf einen Zettel in seiner Farbe und wirft ihn in die Schachtel. Erlaubt euch dabei, maßlos zu sein, zensiert die Wünsche nicht gleich im Ansatz, nur um dem Partner keine Umstände zu machen. Vielleicht macht er sich gern welche? Die meisten Wünsche lassen sich durchaus umsetzen, wenn man sie denn erst einmal auf den Tisch legt. Dein Partner kann nun anhand der verschiedenfarbigen Zettel deine Wünsche erkennen. Zieht alle zwei Tage je einen dieser Zettel und schenkt dem Partner die entsprechende Zweisamkeit. Größere Wünsche erfordern natürlich ein bisschen Planung – macht euch die Mühe.

Was immer ihr zusammen unternehmt – die Absicht der Zweisamkeit ist die ungeteilte Aufmerksamkeit, die ihr euch gegenseitig schenkt. Es kann sein, dass du so leicht von dir selbst abzulenken bist, dass du auf der Stelle Zweisamkeit zur Verfügung stellst, wenn jemand anderes im Raum ist, auch ungewollt. Deshalb ist es wichtig, dass du zunächst mit dir selbst in einen stabilen Kontakt kommst. Besonders wenn der andere, auch ungewollt, ein wenig »zieht«, wenn du also sein Bedürfnis nach Aufmerksamkeit spürst, oder wenn es etwas zwischen euch zu klären gibt, wenn du dir also sein Verständnis wünschst, kann es fast unmöglich sein, sich selbst zu spüren. Es gibt Menschen, die es geradezu darauf anlegen, Aufmerksamkeit zu erwecken, selbst wenn sie das niemals zugeben würden. Sie erzwingen Zweisamkeit. Halte dich von ihnen fern, wenn deine Liebessprache die Zweisamkeit ist, denn der dunkle Sog kann unwiderstehlich sein. Lebst du mit einem solchen Partner zusammen, dann schaffe dir Auszeiten, in denen du nur dich spürst.

Die Zweisamkeit in der Selbstliebe

Wie kannst du Zweisamkeit mit dir selbst herstellen, wie kannst du dir selbst nah sein? Und wozu soll das überhaupt gut sein, was hat das mit Selbstliebe zu tun? Nun, der tiefste Schmerz und die größte Quelle der Angst ist für die meisten Menschen die Einsamkeit. Wenn du dich selbst halten kannst, bei dir sein kannst, egal, was kommt, dann hast du ein immenses Kraftpotenzial. Denn warum fürchten wir uns so sehr vor dem unberechenbaren Schicksal, vor bestimmten Gefühlen, die wir erleben, warum kontrollieren wir uns und unsere Umgebung so sehr? Weil wir uns, wenn der Schmerz oder die Angst zu groß wird, von uns selbst abspalten. Weil wir unsere Gefühle nicht fühlen wollen oder auch nicht fühlen können, weil wir völlig aufgesogen werden von dem, was wir erleben. Wir verlieren uns in unseren Sorgen, Ängsten, in unserem Groll und unserem Schmerz. Sich selbst zu verlieren meint genau das: Wir spüren unsere Mitte nicht mehr, wir lösen uns auf, wir identifizieren uns mit unserem Gefühl, wir sind nichts anderes mehr als dieses Gefühl. Die Folge ist gravierend: Wir werden handlungsunfähig, ohnmächtig, fühlen uns ausgeliefert und sind es auch oft genug. In der Zweisamkeit mit uns selbst können wir uns halten, wir stehen uns bei, wir fühlen, was ist, und sind zugleich als stille, liebevolle und mitfühlende Zeugen anwesend. Wir fühlen uns geliebt – durch uns selbst.

Hier eine weitere Basismeditation, die in jeder schwierigen emotionalen Situation hilfreich ist:

Übung: Sich selbst zur Seite stehen

Mache es dir bequem, schließe deine Augen, nachdem du diese Meditation gelesen hast, oder lass sie dir vorlesen. Entspanne dich ein wenig, es gibt nichts mehr zu tun, du darfst einfach sei, wie du bist. Vor deinem inneren Auge entsteht ein Tor, das du durchschreitest. Du kommst in einer zauberhaften Landschaft an, so wunderschön und gesund, dass du dich gleich besser fühlst. Du gehst ein wenig spazieren, bist ganz eins mit dir selbst und genießt den Frieden, der dadurch in dir entsteht. Hier darfst du einfach sein, wie du bist, du brauchst niemandem zu gefallen, weder effektiv noch erfolgreich zu sein, du darfst einfach nur du selbst sein. Du schlenderst durch die Landschaft, ruhst dich aus, lässt Stück für Stück die Anspannung, das Gefallenwollen, das Gut-sein-Müssen von dir abfallen. Du kommst immer tiefer bei dir selbst an, spürst den Kontakt zu dir.

In deiner Nähe findest du einen großen Baum, einen Wasserfall oder auch ein Lagerfeuer, vielleicht einen Felsen, gegen den du dich lehnen kannst – ein markantes Stück Natur, das dir genau die Kraft gibt, die du jetzt und heute brauchst. Du setzt dich, nimmst diese Energie tief in dich auf, atmest sie ein und lässt mit der nächsten Ausatmung alles von dir abfallen, was stört und dich daran hindert, bei dir anzukommen.

Du schließt die Augen und erlaubst dir, ein wenig zu träumen. Du wirst bereit, dir eine Situation anzuschauen, in der dir ein wenig Zweisamkeit mit dir selbst sehr gut getan hätte. Auf einmal erinnerst du dich an eine Situation, in der du dich sehr einsam und verzweifelt gefühlt hast, als Kind oder als Erwachsener. Sieh dich selbst, wie du einsam bist, nicht gehört wirst oder auf andere Weise in Not bist. Erkenne, wie allein du bist – und jetzt stelle dir vor, du gehst als der Mensch, der du jetzt gerade bist, zu dem Menschen, der du damals warst. Du gehst mitten in die Situation von damals hinein, einfach mit dazu.

Sage dem Menschen von damals: »Ich halte dich. Ich bin bei dir, ich sehe dich, ich höre dich, ich nehme dich wahr. Ich bin da, und ich atme mit dir.« Was geschieht nun? Wie geht es deinem jüngeren Selbst? Hast du dich als Kind in einer bedrohlichen Situation erlebt, reicht das bloße Dasein vermutlich nicht. Rette das Kind, und nimm es aus der bedrohlichen Situation heraus, bringe es an einen sicheren inneren Ort. Sei bei dir, gib dir selbst, was du brauchst. Tue so, als liebtest du das Kind von damals genau so, wie du ein eigenes Kind liebst oder es lieben würdest – kennst du das Gefühl nicht, dann liebst du aber vielleicht ein Tier – und handle entsprechend.

Hole das Kind aus der Gefahrensituation heraus, und nimm es in den Arm, oder bleibe einfach bei ihm. Schenke dir selbst deine Anwesenheit, indem du Zeuge bist, indem du da bist und mit dir selbst im Einklang atmest.

Nimm jetzt wieder die Natur wahr, in der du dich in Gedanken befindest, ruhe dich noch ein wenig aus, und komme dann durch das Tor zurück in diese Welt.

Diese innere Übung kannst du immer dann machen, wenn dich deine Gefühle aus der Bahn zu werfen drohen. Dann lass dich fühlen, was du fühlst, und sei einfach bei dir. Atme mit dir, sei Zeuge, halte dich selbst – sei einfach da.

In den schlimmsten Phasen meines Erwachsenenlebens habe ich manche Tage fast nur im Bett gelegen und mich selbst gehalten, mit mir geatmet und geübt, mich nicht im Stich zu lassen. Ich war Zeuge meines eigenen Schmerzes und konnte ihn genau deshalb gut überleben, weil ich dageblieben bin und mir selbst zur Seite stand. Üblicherweise wollen wir mit uns nichts zu tun haben, wenn es uns nicht gut geht, wir lenken uns ab und kontrollieren unsere Gefühle. Oder aber wir baden in Selbstmitleid und versinken im Schmerz.

> In der gelebten *Zweisamkeit* mit dir selbst vollzieht dein Gehirn eine großartige Transferleistung, die geübt werden will. *Du fühlst,* was du fühlst – ungeschminkt und roh im Stammhirn. Und *gleichzeitig* bist du bei dir, bist im Erwachsenen-Selbst, bist für dich, zu deiner Unterstützung, in dem Rat gebenden, *mitfühlenden* präfrontalen Cortex präsent.

Du kannst dich mit deinem Gefühl aushalten und halten, kannst anwesend sein, während es dir den Boden unter den Füßen wegreißt. Das ist eine unermesslich wertvolle Hilfe und gibt dir große Sicherheit – die Sicherheit, die du womöglich beim Partner so dringend suchtest.

Es ist wundervoll, wenn er sie dir gibt. Aber du solltest nicht allzu sehr davon abhängig sein. Es ist bei aller Liebe sehr sinnvoll, dich auch selbst halten zu können.

Wenn du diese Übung für dich selbst gut anwenden kannst, bist du bereit zu echter Zweisamkeit, denn dann »brauchst« du den anderen nicht mehr für deine eigenen Belange.

Die dunkle Seite der Zweisamkeit

Wenn einer von euch beiden allzu bedürftig ist, dann wird aus der Energie gebenden Zweisamkeit schnell Energie raubendes Klammern und Vereinnahmen. Stete Kontrolle, dauerndes Nachfragen, wann der andere heimkommt, ungerechtfertigte Eifersucht – die Liste ist lang. Du fühlst dich unfrei, eingeengt, oder du vermittelst selbst dieses Gefühl. Der Partner muss flüchten, sonst erstickt er. Was passiert energetisch? Du stellst keine Energie zur Verfügung, sondern saugst am Energiefeld des Partners oder umgekehrt. Manchmal tun das sogar beide und wundern sich, dass sie so wenig Energie haben. Du brauchst Auszeiten, um dich immer wieder aufzutanken, wenn du einen saugenden Partner hast. Du nimmst dir mit großem Überredungsaufwand Zeit für dich, du fühlst dich besser – doch sobald du wieder zu Hause bist, geht das Klammern wieder los. Das ist unglaublich anstrengend, und du fühlst dich nicht nur ausgesaugt, sondern auch noch schuldig, weil du den anderen anscheinend nicht so liebst wie er dich – bist du doch der- oder diejenige, die auch einmal Zeit für sich braucht!

Auszeiten sind in der Liebe sehr wichtig, denn ihr bildet ein gemeinsames Energiefeld, aber jeder von euch hat auch ein eigenes, das gepflegt und gestärkt werden muss. Besonders Männer brauchen dringend ab und zu Raum nur für sich ganz allein, damit sie sich wieder spüren. Sie neigen dazu, es uns Frauen recht zu machen, und verlieren damit ihr Gefühl für das, was sie im tiefen Inneren stärkt und ausmacht. Wenn du weißt, dass sich Männer zumeist über ihre Taten selbst erleben, dass also das, was sie tun, ihre jeweilige Mitte bildet, dann kannst du dir als Frau auch vorstellen, wie oft ein Mann pro Tag seine Mitte verliert – weil seine Handlungen nicht immer dem entsprechen, was er gern tun möchte. Deine auch nicht, natürlich nicht. Wir Frauen aber erleben unsere Mitte über das, was wir fühlen, und das steht uns üblicherweise frei. Wenn wir uns nicht erlauben, zu fühlen, was wir eben fühlen, dann brauchen wir ein Gespräch, eine Freundin, eine Umarmung, ein liebevolles und wertfreies Ohr, das uns zuhört. Wir müssen reden, um uns selbst wieder wahrzunehmen. Männer müssen etwas tun, was ihnen wirklich Freude macht, um den gleichen Effekt zu erzielen, reden bringt ihnen nicht viel. Lasst euch gegenseitig Männer- bzw. Frauendinge tun, was immer das auch für euch bedeutet, damit ihr mit eurer vollen Strahlkraft in euer Zweisamkeit anwesend sein könnt.

Woher kommt das Klammern und was können wir dagegen tun? Nun, zumeist ist es das innere Kind des anderen, das sich so verzweifelt an uns festhalten will. Oder unser eigenes sieht im Partner den verfügbaren Vater, die Mutter, den oder die es sich so sehnlich wünscht.

Klammert einer von euch beiden, so ist es also ratsam, sich um das innere Kind zu kümmern, um das eigene und um das des Partners. Dazu eine innere Reise:*

* mehr zum Thema: Seh' ich aus wie deine Mutter? Mitgefühl und Heilung für das innere Kind in Beziehungen, Schirner Verlag, Darmstadt 2014

Auch diese innere Übung gilt selbstverständlich für alle Sprachen der Liebe. Das Thema aber manifestiert sich am deut-
lichsten in der Zweisamkeit.

Übung: Das innere Kind in Sicherheit bringen – deines und das deines Partners

Schließe bitte deine Augen, und lausche, fühle und sieh
nach innen. Stelle dir nun bitte eine Lichtsäule vor, in die
du vollständig eintreten kannst. Mache das nun in Gedanken, stelle dich mitten hinein in diese Lichtsäule. Sofort spürst du, wie dich der erlösende Lichtstrom durch-
flutet. Alles Schwere fällt von dir ab, fließt in die Erde
oder strömt in der Lichtsäule nach oben, ganz einfach,
ohne dass du verstehen musst, was es ist. Immer leichter
fühlst du dich. Was immer dich belastet hat, für einen
Moment kannst du aufatmen und ganz und gar bei dir
selbst ankommen. Nun bist du in der Lage, ein wenig tiefer zu gehen. Stelle dir bitte eine zweite Lichtsäule vor –
in diesem Licht steht dein Partner. Auch von ihm fällt
alles ab, was nicht mehr zu ihm gehört, die Lichtsäule
entfaltet auch bei ihm ihren Zauber. Die Lichtsäule rei-
nigt ihn ganz von selbst, sie nimmt das, was heute leicht
gehen darf, lass das bitte geschehen, ohne dich einzumi-
schen. Nun schaue bitte noch einmal genauer hin. Siehst
du dein inneres Kind beim Partner stehen, wünscht es
sich etwas von ihm? Möchte es Aufmerksamkeit, Liebe,

Fürsorge? Rufe es bitte zu dir. Sage ihm: »Ich bin für dich da, das ist nicht dein Vater/deine Mutter. Ich kümmere mich von nun an um dich.« Wenn du das nicht sagen kannst, weil du nicht weißt, wie du dich um dein inneres Kind kümmern kannst, dann rufe bitte eine höhere Kraft deines Vertrauens. Mutter Maria, Mutter Natur oder Erde, die Göttin des Mitgefühls, ein Krafttier oder die Schutzengel dieses inneren Kindes, egal, ob du selbst an Engel glaubst oder nicht – Kinder tun das zumeist, deshalb funktioniert das. Bitte also diese höhere Kraft, sich deines inneren Kindes anzunehmen, wenn du es selbst nicht tun kannst. Nimm wahr, was passiert und wie sich das anfühlt. Spüre die Erleichterung, deine und die deines Partners. Und dann schaue bitte bei dir selbst – steht das innere Kind deines Partners in deiner Nähe? Klammert es sich gar an dich? Manchmal ist das innere Kind des anderen dermaßen bedürftig, dass es sich richtiggehend festkrallt oder festsaugt. Wenn ja, dann sage dem Kind: »Ich sehe dich. Ich sehe deinen Schmerz. Und ich rufe dir jetzt eine Kraft, zu der du gehörst, denn ich bin nicht deine Mutter/dein Vater.« Das innere Kind kann regelrecht hartnäckig sein, doch es nutzt wirklich niemandem, wenn du es weiter nährst. Es bekommt bei dir nicht das, was es braucht, und du fühlst dich zu Recht ausgesaugt. Sage deinem Partner, der in der Lichtsäule dir gegenübersteht: »Das ist dein inneres Kind, ich habe es für dich gehütet, aber jetzt ist es Zeit, dass du es zu dir zurücknimmst. Dieses Kind gehört zu dir, nicht zu mir.« Nimmt er es nicht zurück, was sehr oft geschieht, dann rufe bitte jene Kraft, die für dieses Kind zuständig ist. Auch das kann ein Krafttier sein, ein Schutzengel oder eine ganz andere Kraft, die du womöglich gar nicht kennst. Stelle die Anwesenheit dieser Kraft bitte nicht infrage, du weißt nicht, zu wem das Kind gehört. Du kannst es nicht wissen, und so ist es wenig sinnvoll, darauf zu bestehen, dass sich eine bestimmte höhere Wesenheit zeigt. Lass die Energie kommen, die gemeint ist, überlasse es bitte der Seele, dem System des anderen, für sich zu sorgen. Rufe einfach die Kraft, die für diesen Aspekt des Partners zuständig ist. Bitte diese Kraft, das innere Kind des anderen zu sich zu nehmen und für es zu sorgen. Es kann sein, dass das Kind Widerstand leistet, bestehe bitte darauf, dass es dich loslässt, und lass es auch deinerseits gehen.

Fühle die Befreiung. Bleibe noch ein wenig in der Lichtsäule, und lass dich von ihr nähren, durchströmen, trösten oder was immer du brauchst.

Du hast natürlich eine gewisse Macht über den anderen, wenn du sein inneres Kind versorgst. Aber der Preis ist immens. Und mit Liebe hat das sowieso nichts zu tun. Dein inneres Kind zu dir zurückzuholen und seines in liebende, versorgende Hände zu geben, kann eines der wichtigsten Dinge sein, die du für deine Beziehung und den freien Fluss eurer Liebe tust.

Übung: Trennung der dunklen Verbindungen

Setzt euch bitte einander gegenüber. Macht dein Partner nicht mit, dann stelle dir einfach vor, er säße dir gegenüber. Du kannst zum Beispiel die Technik des Leeren Stuhls verwenden, oder du stellst ihn dir einfach vor. Kennst du dich mit Familienstellen aus, dann nutze das, was du weißt, und stelle dich ihm gegenüber auf. Spüre nun bitte in deinen Bauch hinein. Es gibt dunkle und lichtvolle Verbindungsfäden zwischen euch. Sie wachsen aus dem Bauch etwa in Höhe des Bauchnabels aus dir heraus. Bitte nun darum, dass du zunächst die licht- und liebevollen Fäden zwischen euch sehen und fühlen darfst. Sieh, wie sie schimmernd aus deinem Bauch herauswachsen, fühle die Kraft, die zwischen euch fließt. Damit diese Kraft noch freier strömen darf, bitte nun darum, die dunklen Fäden zu sehen, die sich von dir aus gebildet haben, das passiert und ist ganz normal. Schaue dir diese dunklen Fäden an, sie können sehr dick und starr sein. Lass sie sein, wie sie sind, das ist völlig in Ordnung. Doch nun entscheide bitte, dass du dich von diesen dunklen Fäden trennst. Sage laut den Satz: »Ich trenne mich von den dunklen Verbindungen zu … (Name)«, und dann stelle dir vor, du hältst ein Schwert in der Hand. Mit einem energischen Hieb trennst du bitte diese dunklen Fasern dicht an deinem Bauch ab. Lege die Hände auf die nun energetisch offene Stelle, und schütze sie, bis sie sich stabilisiert. Lass jetzt noch einmal bewusst die hellen Fäden wachsen, sie haben nun viel mehr Platz als vorher.

Diese Übung kannst du auch mit anderen Personen oder mit Geschehnissen, Erfahrungen, sogar mit Arbeitsstellen und Häusern machen, denn über diese Fäden gehst du mit allem in Verbindung, lichtvoll und auch dunkel. Vollziehe diese Reinigung bitte in regelmäßigen Abständen. Es ist ganz normal, dass sich immer wieder dunkle Fäden bilden, wenn du mit jemandem in Beziehung oder in Kontakt bist, und du darfst sie einfach durchtrennen. Trenne bitte auch die dunklen Fäden zu deinen Eltern, damit ihre positive Kraft zu dir strömt und dir den Rücken stärkt.

Manchmal sind wir deshalb so bedürftig, weil wir uns irgendwie leer fühlen. Es ist, als fehlten uns Teile unserer eigenen Energie. Hier eine Meditation, mit der du fehlende Seelenanteile zu dir zurückholen kannst. Auch diese Übung dient natürlich jeder Sprache.

Meditation: Seelenanteile zurückholen

Nachdem du dich entspannt hast, erscheint vor deinem inneren Auge ein Tor, das du ganz einfach durchschreitest. Du gelangst in eine wunderschöne Landschaft, in der du dich wohl und sicher fühlst. Du gehst spazieren, entspannst dich mehr und mehr. In einiger Entfernung erblickst du einen Baum, einen Wasserfall oder eine andere markante Stelle in der Landschaft. Du gehst darauf zu und setzt dich dort hin, ruhst dich aus. Ganz deutlich fühlst du, dass dir Anteile von dir selbst zu fehlen scheinen, du spürst eine gewisse Leere, als wärst du nicht ganz vollständig. Auf einmal erkennst du, dass aus deinem Bauch heraus Fäden wachsen, lichtvolle Schnüre, mit denen du dich mit Energien verbinden kannst. Die Fäden waren die ganze Zeit schon da, doch sie waren dir nicht bewusst. Jetzt erkennst du sie ganz deutlich. Du kannst diese Lichtfäden mit deiner Aufmerksamkeit steuern, erkennst du, und das probierst du jetzt aus. Du schickst ganz bewusst einen dieser Lichtfäden zu deinem Schutzengel. Lass dir Zeit damit – wie fühlst du die Energien? Auf einmal kommt dir der Gedanke, du könntest dich mit diesen Fäden auch mit deiner eigenen Seele verbinden – vor allem mit den Teilen, die irgendwie verloren zu sein scheinen.

Und so schicke jetzt deine Fäden aus. Du brauchst nicht zu wissen, wo sich die verlorenen Seelenanteile aufhalten, deine Absicht, sie zurückzuholen, genügt vollkommen. Lichtfäden strömen aus dir heraus und finden ihre Richtung. Diese Lichtfäden spüren deine verlorenen Anteile auf und ziehen sie zurück in deinen Körper. Während das geschieht, stelle dir bitte vor, du sitzt in einer Lichtsäule. Deine Lichtfäden ziehen die Seelenanteile in den Körper zurück – und dann steigen ebendiese

Seelenanteile in der Lichtsäule auf und kehren zurück ins Reich deiner Seelenflamme. Sie strömen zu dir zurück und verlassen den Körper auch gleich wieder, diesmal aber bewusst und mit einem klaren Ziel. Sie kehren in der Lichtsäule nach oben, in deine Seele zurück. Gleichzeitig können auch alle anderen Seelenanteile, die wieder zurück nach Hause wollen, den Körper verlassen, sodass jetzt ein echter Austausch stattfindet. Denn während das geschieht, fließen aus deiner Seelenflamme neue Seelenanteile zu dir in den Körper, Seelenkräfte, die vielleicht noch nie inkarniert waren und für die heute der richtige Zeitpunkt ist, menschlich zu werden und auf der Erde wirksam zu sein. Deine Lichtfäden sind noch immer dabei, verlorene Seelenanteile zurückzuholen und sie in den Körper hereinzuziehen, von wo aus sie durch die Lichtsäule nach oben aufsteigen. Sie heilen in deiner Seelenflamme, verlieren das Schwere. Die Seele »liest« die Erfahrungen dieser Seelenanteile und erweitert sich daraufhin, wächst daran. Sie erkennt, was sie erschaffen hat und entwickelt Mitgefühl mit dem Menschen, der du bist.

Irgendwann spürst du, dass sich die Lichtfasern wieder zurückziehen, du hast alle Seelenanteile, die du heute erreichen konntest, zu dir zurückgeholt. Du ruhst dich noch ein wenig in der Lichtsäule aus, vielleicht strömen noch weitere Seelenkräfte aus deiner Seelenflamme in deinen Körper – doch dann stehst du auf, gehst noch ein wenig spazieren und kommst dann wie neugeboren und vollständiger als zuvor durch das Tor zurück in den Raum, in dem du dich befindest.

Eine weitere Falle der Zweisamkeit ist, dass du womöglich nicht weißt, wie du sie beenden kannst und dass du die Wahl hast, verfügbar zu sein oder eben nicht. Echte Zweisamkeit bedeutet, dass du dem Partner deine Energie zur Verfügung stellst, bewusst und ausdrücklich. Es bedeutet nicht, dass du irgendwie immer verfügbar bist und dich gleichzeitig darüber ärgerst. Es bedeutet auch nicht, dass du deine Energie immer dann zur Verfügung stellst, wenn der andere dich gerade braucht. Du wählst. Denn bist du ständig verfügbar, dann bist du auch ständig auf dem Rückzug vor deinem Partner, du bist zwischen Vermeidung und Bestätigung gefangen. Es kostet dich große Mühe, wirklich Ja zu sagen, wenn du das Nein nicht beherrschst. Die goldene Acht kennst du sicherlich, ich biete sie dir hier der Vollständigkeit halber an.

Übung: Die goldene Acht

Immer, wenn du das Gefühl hast, du lässt dich zu sehr in das Energiefeld eines anderen ziehen, sei es, dass es automatisch geschieht, sei es, dass der andere dich anzapfen will oder gar, dass du selbst in das Kraftfeld des anderen hineinschlüpfen möchtest, dann stelle dir vor, ihr seid durch eine goldene Acht verbunden. Der Kreuzungspunkt ist in der Mitte zwischen euch, und jeder hat einen genügend großen Raum innerhalb dieser Acht. Wenn sich unsere Energien vermischen und wir selbst in unserem Gefühl verschwimmen, unklar werden, dann liegt das daran, dass wir einen energetischen Kreis um uns und den anderen gelegt oder zumindest zugelassen haben. Legst du dagegen bewusst die Acht, hat jeder seinen abgegrenzten Bereich, und ihr seid dennoch miteinander verbunden, der andere hat keinen Zugriff mehr auf deine Energie, du selbst bist geschützt und stabil. Du nimmst dir außerdem gleichzeitig die Möglichkeit, die Energie des anderen an dich zu ziehen. Das kannst du auch tun, wenn du schwierige Telefongespräche führst oder zu sehr in die Rolle des inneren Kindes rutschst, sobald dir eine Autoritätsperson begegnet.

Die Erfahrung zeigt, dass die Energie der goldenen Acht stärker ist als jeder Versuch, dich in einen Kreis zu binden, weil sie die geistigen Gesetze des freien Willens und der Selbstbestimmung, der Achtsamkeit und der Achtung vor dem anderen widerspiegelt. So wirst du frei, selbst zu entscheiden, auch wenn dich der andere noch so sehr an sich zu binden versucht. Wenn du selbst bemerkst, dass du Bindungsenergien aussendest und es nicht mit deiner bewussten Absicht ändern kannst, lege die goldene Acht um euch beide. Dann spürst du dich selbst wieder und signalisierst dir selbst, dass du nicht mehr bereit bist, dich auf süchtige Beziehungen einzulassen. Du erhältst dadurch deine Selbstbestimmung und deine Handlungsfähigkeit zurück.

Die goldene Acht kannst du immer dann nutzen, wenn du in Kontakt mit anderen treten willst, in jedem Gespräch, bei jedem Telefonat. Willst du einfach deine Ruhe, oder du hast das Gefühl, du brauchst Schutz und massive Abgrenzung, dann hülle dich lieber in eine Lichtsäule oder in einen Lichtmantel (oder gehe nicht hin, wenn dich die Situation so sehr bedroht). Dieser Schutz aber verhindert Kommunikation, deshalb schaue, welche Absicht du hegst.

Loben, anerkennen, Mut zusprechen – Stärkung des inneren Feuers

Pol: männlich, anfeuernd, nach außen gerichtet
Qualität: verstärkend

Deine Liebe fließt in den anderen ein, stärkt ihm den Rücken. Du gibst ihm Kraft und erhöhst die Schwingung seines eigenen Energiefeldes, damit er seine Aufgaben angehen kann. Du tust nichts für ihn, du willst auch nicht mit ihm verschmelzen, sondern feuerst ihn an, bestärkst ihn. Deine Energie fließt in das Innere des anderen und berührt ihn in seiner Scham. Wir alle sind als Kinder beschämt und in unserem ganzen Sein infrage gestellt worden. Ein Lobender weiß das (unbewusst oder bewusst) und bekräftigt dich in deiner Gesamtheit. Die wenigsten Menschen nutzen ihr gesamtes Potenzial. Bestärkung, Ermutigung und Lob setzen jene Kräfte in Bewegung, die ein Mensch aus Scham und Angst vor sich selbst verbirgt oder zu nutzen vermeidet.

»Ich halte dir den Raum, ich erhöhe deine Energie und Kraft, ich stärke dein Selbstvertrauen und unterstütze dich auf diese Weise. Ich stärke dein ganzes Sein, bestätige dich. Meine Absicht ist, dir ein Ja zu geben, einen Energiestoß, der dir zeigt, du bist richtig. Meine Liebe stärkt und nährt dein Energiefeld, indem ich dich in deinem Sein bekräftige. Meine Liebe bietet dir einen positiven Spiegel und nährt dein Selbstwertgefühl.«

Dieses Lob sprichst du ganz absichtslos aus, du willst weder manipulieren noch ein bestimmtes Verhalten erzeugen. Du erkennst ganz automatisch die Leistung des anderen in dem, was er tut, du spürst sofort, welche Art von Kraft es ihn gekostet hat, welche Überwindung sogar. Du weißt, welcher Aspekt lobenswert ist, weil du ein untrügliches Gespür für die Art der Herausforderung besitzt, die der andere gemeistert hat oder zu meistern im Begriff ist. So, wie du in der Hilfsbereitschaft nahezu seismografisch erspürst, welche Handreichung es braucht, so erspürst du in der Sprache des Lobes die Schwachstelle des anderen und stärkst ihm genau hier den Rücken, erinnerst ihn an seine Kraft. Und weil du genau den Punkt triffst, an dem sich der andere selbst übertroffen hat, fühlt er sich zutiefst verstanden und erkannt. Falls er es zulassen kann.

Gelobt zu werden ist für viele Menschen fast nicht zu ertragen – warum nicht? Weil du, um wahrhaftig loben zu können, ebenjene Schwachstelle fühlst. Du schaust dem anderen hinter seine Masken aus erlernter Kompetenz und Kontrolle. Ein Lob, das den anderen wirklich berührt, trifft immer zielsicher den Punkt, an dem er eine echte Leistung erbracht hat, über seinen Schatten gesprungen ist. Du zeigst ihm damit: Ich sehe dich, ich sehe auch deinen Kampf, und ich bin auf deiner Seite. Das Lob und die Ermutigung füllen die Stellen im Energiefeld des anderen aus, die der Stärkung bedürfen. Sie sind das Heilmittel gegen die Scham, die tief in den Zellen sitzt, die Scham darüber, irgendwie falsch zu sein, unerwünscht, nicht gewollt.

Innere Reise: Mut – das Feuer entfachen

Mache es dir bequem, lege dich hin, es gibt nichts mehr für dich zu tun, als einfach hier zu sein und deinen inneren Bildern zu folgen. Diesen inneren Bildern darfst du vertrauen, du darfst dem, was du fühlst und wahrnimmst, vertrauen.
Vor dir entsteht eine Lichtsäule, die dir Wärme und Leichtigkeit anbietet, und du trittst hinein. Augenblicklich durchströmt dich das Licht der Lichtsäule, du entspannst dich noch tiefer, wirst immer leichter. Engel erscheinen, wenn du an Engel glaubst. Wenn nicht, dann stelle dir vor, du bist von lichtvollen Begleitern umgeben. In dieser Welt ist das möglich, einfach so, egal, ob es das

tatsächlich gibt oder nicht. Diese Lichtwesen lassen dich nun so leicht werden, dass du in dieser Lichtsäule wie in einem Aufzug nach oben steigst, du schwebst und wirst immer leichter. Dein Geist öffnet sich, dein Bewusstsein wird weiter. Immer mehr entfernst du dich von der Bürde des Menschseins, lässt all die Anstrengungen hinter dir und beginnst zu lächeln. Die Lichtwesen heben dich noch ein Stück weiter hoch – und jetzt entsteht ein Raum, ein lichtvoller Energieraum, weicher und heller, als du ihn je gesehen hast. Etwas in dir kann loslassen, Ruhe und Frieden finden, möglicherweise fühlst du dich gar, als seiest du nach Hause gekommen. Eventuelle Lasten fallen vor dir ab, alles, was du für andere getragen hast, kannst du nun loslassen. Die Lichtwesen nehmen es dir sanft von den Schultern und lösen auch die harten Panzerungen ab, die sich in deinem Energiekörper gebildet haben. Dadurch darf auch dein physischer Körper weicher werden, sich tiefer entspannen, du atmest freier und kommst noch mehr bei dir an. Du schaust dich um und erkennst sehr viele Lichtwesen, Engel oder wie immer du sie wahrnimmst. Sie sind unterschiedlich, fühlen sich auch unterschiedlich an. Eines der Lichtwesen kommt nun auf dich zu.

»Ich bin der Engel der Ermutigung«, sagt es, und du spürst seine machtvolle Präsenz. »Erlaube mir, dir meine Kraft zu zeigen.« Eine Szene entsteht, eine Erinnerung an dein eigenes Leben, eine Situation, in der du ratlos warst, vor einer schwierigen Herausforderung standest. Du fühlst noch einmal, was du damals gefühlt hast, und spürst möglicherweise Mitgefühl mit dir, dem Menschen von damals, der all das durchmacht. Der Engel der Ermutigung sendet nun einen starken Lichtstrom nach unten, und auf einmal erscheint ein zweiter Mensch in der Szene, einen, den du kennst oder auch nicht. Er sagt etwas, du kannst nicht verstehen, was, doch du siehst, was geschieht. Wie durch ein Wunder strömt Energie durch die Worte des Menschen in dich ein, stärkt dich an genau den richtigen Stellen, genau da, wo die Aura ein wenig schwach ist, wo dir Mut fehlt, eventuell sogar Scham sitzt. Du kannst ganz deutlich von oben sehen, wie du dich aufrichtest, dich straffst, wie deine Aura heller wird, leuchtender, größer. Dein inneres Feuer wird angefacht. Du erlaubst dir, mehr Raum einzunehmen, zeigst dich, sogar deine Erdung wird besser. Du siehst, wie das gesamte Energiefeld des gelobten Menschen, der du ja selbst bist, zu strahlen beginnt. Das Lob gibt dem Menschen, den du da unten siehst, die Erlaubnis, da zu sein, mit allem, was zu ihm gehört, einfach zu sein. Er wird bestärkt in seinem ureigenen Selbstausdruck, das kannst du spüren und sehen. Das Energiefeld wird immer stärker, so stark, dass der Mensch, den du beobachtest, also du selbst, diese Herausforderung voller Mut angehen kann. Ob er sie meistert – nun ja. Das wird sich zeigen. Aber er geht sie an, traut sich zu, sie anzunehmen. Er beginnt, sich selbst zu vertrauen, indem er die Energie des Lobes in sich aufnimmt. Dadurch wird seine Aura stärker, sein Erfolg nährt ihn. Schon eine Herausforderung anzugehen ist ein Erfolg. Das nährende, stärkende Lob führt zu einer Handlung, und diese Handlung stärkt ihn, das erkennst du ganz deutlich. Der Engel holt nun sehr vorsichtig seine Energie wieder zurück, und du siehst, wie sich die Aura wieder ein wenig zusammenzieht. Du wirst ein wenig kleiner, musst dich nun selbst halten und ermutigen. Der andere Mensch im Raum, der dich gelobt und ermutigt hat, ist plötzlich verschwunden.

»Jemanden zu loben, zu ermutigen, bedeutet, ihn in seinem ganzen Sein zu bestätigen«, hörst du den Engel sagen, und du weißt genau, was er meint. Du spürst nun auch schon, ob dir diese Art, deine Liebe zu zeigen, vertraut ist oder nicht. Bist du unsicher, dann frage den Engel, er wird es dir sagen. Frage auch, ob das Loben und Ermutigen zur Liebessprache deines Partners gehört. Ganz deutlich spürst du plötzlich die Antwort. Der Engel schickt dir nun noch einmal, wenn du willst, einen starken Strahl der Ermutigung, du erlebst, wie du größer wirst, stärker, aufrechter. Mit dieser Stärke lässt du dich sanft in der Lichtsäule hinuntergleiten, und du kommst wieder an im Leben auf der Erde – damit du deine Liebe in die Welt tragen kannst.

Wenn wir uns ernsthaft mit den Sprachen der Liebe befassen, kann es sein, dass wir viele Verletzungen spüren, viel Bedauern, viel Schmerz. So geht es mir mit dieser Liebessprache, es fällt mir sehr schwer, sie anzunehmen, und ich beherrsche sie kaum. Ich habe natürlich den Anspruch an mich, in diesem Buch alle fünf Sprachen neutral und gleichermaßen einfach und umfassend zu beschreiben, doch ich kann es nicht. Und genau daran erkennt man den Zauber. Ich muss mich auch mit dieser Liebesprache befassen, wenn ich dieses Buch schreiben will. Und schon allein das Befassen damit verändert mein Bewusstsein. Wir sprechen diese unterschiedlichen Liebessprachen, weil wir so ein größeres Bewusstsein für Liebe entwickeln – entwickeln müssen, wenn wir uns verstehen wollen!

Geht das nur mir so? Ich glaube nicht.

Schauen wir genauer hin. Wie oft lobst du deinen Partner? »Ich will ihm nicht schmeicheln, ich will ihn auch nicht manipulieren«, sagst du womöglich, und das spricht für dich. Lob wehrst du womöglich ab, weißt du doch selbst, dass du es auch noch ein bisschen besser gekonnt hättest. Oder du hältst es für so selbstverständlich, dass du dein Bestes gibst, dass dich ein Lob befremdet – würdest du doch niemals etwas anderes als dein Bestes geben!

Ein *Lob* berührt uns auf seltsame Weise. Wir werden auf der Stelle *misstrauisch,* wenn uns jemand lobt. Warum ist das so? Weil gerade diese *Liebesprache* perfide und schamlos ausgenutzt wird.

Wenn du jemandem etwas verkaufen willst, dann bestätige ihn zuerst, lobe ihn, schmiere ihm Honig ums Maul. Willst du, dass ein Tier gehorcht, lobe es. Gelobt zu werden, einfach so, ohne Absicht, ohne Rechnung, das kennen wir nicht. Kritisiert werden wir dagegen ständig, konstruktiv natürlich. Als würde ein Lob dafür sorgen, dass wir auf der Stelle nachlassen und die Hände in den Schoß legen. Wir schwingen die Peitsche der ständigen Kritik, loben nur, um noch mehr Leistung aus dem anderen herauszupressen. Lob aus reiner Liebe erleben und geben wir kaum.

Wenn wir nun aber wissen, dass Lob den anderen an genau der Stelle *stärkt*, die Stärkung braucht, damit er seinen Weg weitergehen kann, dann bekommt die Sache eine andere Qualität. Die *Ermutigung* dient dem anderen, nicht dir.

Und wer ermutigt mich, denkst du vielleicht und wirst traurig. Das verstehe ich sehr gut. Nun. Wer ermutigt dich, wer ist dafür zuständig? Natürlich du selbst. Deshalb beginnen wir bei dieser Sprache mit der Selbstliebe.

Sich selbst ermutigen und loben

Du weißt selbst sehr gut, wie kritisch du mit dir umgehst. Es geht immer noch besser, und wenn du es nicht besser kannst, so wäre doch ein anderer sicherlich dazu in der Lage. Du bist nicht gut genug bei diesem oder jenem, zu wenig dies oder das.

Vielleicht beneidest du andere gar, und dann kannst du dich dafür noch mehr niedermachen. Sich selbst zu loben – nun, wir wissen Bescheid über Eigenlob. Es stinkt, und Prahlerei können wir absolut nicht leiden. Wir zeigen uns lieber ein wenig kleiner, als wir sind, fürchten den Neid anderer, die Häme, befürchten, wir verlieren den Anschluss an andere, wenn wir uns bewusst mit unserer Strahlkraft zeigen. Glamourgestalten und Stars mögen wir am liebsten, wenn sie privat »auf dem Boden geblieben« sind, wenn wir also wissen, dass auch sie schlechte Tage haben und nicht immer so gut aussehen. Wir spüren lieber Mitleid als Bewunderung, damit wir uns nicht so sehr mit uns selbst auseinandersetzen müssen. Die Sprache des Lobes und der Bestätigung wird sehr zögerlich gesprochen, und wenn, dann kommt sie oft nur verzerrt an. Ich habe es selbst schon erlebt, dass ich jemanden lobte, ihm meine Bewunderung ausdrückte, der mir daraufhin sagte, ich solle mich nicht so kleinmachen neben ihm. Das war ganz sicher nicht meine Absicht, ich fühlte es auch nicht so.

Übung

Ich möchte dich einladen, dir heute eine Liste mit mindestens fünf Dingen zu schreiben, auf die du stolz bist, die du gut kannst, für die du dich, ohne rot zu werden, getrost loben darfst. Selbst wenn du ein unangenehmes Gefühl hast und dich schämst, schreibe bitte diese Liste. Besonders, wenn sich immer wieder ein »Ja, aber ...« in deine Gedanken schiebt, schreibe sie. Das kann wirklich anstrengend sein. Tue es dir selbst zuliebe, jetzt.

Ich lobe mich dafür, dass ich …

Funktioniert das? Super. Wenn nicht, dann mache bitte diese Übung:

Ich befürchte, wenn ich mich lobe, dass ich …

Überheblich werde? Mich auf meinen Lorbeeren ausruhe, also nachlasse?

Gehen wir einen Schritt zurück. Ich bitte dich, heute mindestens zwanzig (!) Mal zu loben. Und zwar: den Erfinder des Kartoffelschälers, wenn du in der Küche stehst, den Erfinder des Reißverschlusses, wenn du dich anziehst, den Erfinder … du verstehst. Unbekannterweise üben wir heute, die genialen Errungenschaften anzuerkennen, die andere gemacht haben und die uns das Leben erleichtern. Dadurch verändert sich dein Fokus. Du beginnst, das Lobenswerte zu bemerken, und du lernst, zu loben, ohne dass dein Lob abgewehrt wirst.

Gehe in die Natur, und bemerke mindestens zehn Dinge, für die du die Natur, vielleicht sogar Gott, loben möchtest. Menschen, deren Liebessprache die Anerkennung, das Lob, ist, tun das andauernd, bemerken es oft nicht einmal.

Lobe deinen Körper. Die Nieren. Das Herz. Nicht dein Aussehen, wenn dir das noch schwerfällt. Aber dass er funktioniert. Dass er seinen Job macht – und das sehr gut, denn du lebst ja.

Das sind anscheinend nur Kleinigkeiten. Doch unsere Aufmerksamkeit ist so sehr auf das gerichtet, was nicht funktioniert, dass es eine bewusste Entscheidung braucht, das zu sehen, was bereits gut ist oder sowieso immer schon gut war. Warum ist das so? Weil die schwierigen, nicht funktionierenden Dinge für das Gehirn sehr viel wichtiger sind als das, was ohne dein Zutun läuft. Das ist auch ganz logisch, denn für dein Gehirn geht es in erster Linie um das Überleben. Also schaust du ganz automatisch auf das, was dich in Gefahr bringen könnte, egal, wie weit hergeholt diese Gefahr auch sein mag.

Übung: Liebesbriefe

Kaufe dir schönes Briefpapier. Setze dich bitte vor dem Schlafengehen in Ruhe hin, und lass den Tag Revue passieren. Auf welche Weise hat dich dein Partner heute erfreut, wie kannst du ihn loben, wo braucht er Bestätigung und ein wenig Ermutigung? Schreibe ihm einen Brief, er muss nicht lang sein. Ich gebe dir ein Beispiel, falls dir das schwerfällt.

Liebster Schatz, ich bin sehr stolz auf dich. Gestern hast du mir gesagt, dass mich deine Rechnungen nichts angehen, dass du dich darum kümmerst und dass ich damit nichts zu tun habe, und das finde ich großartig. Ich danke dir für den Mut, dich von mir abzugrenzen, und ich bin stolz darauf, dass du die Verantwortung für deine Angelegenheiten zu dir nimmst.
Ich liebe dich!

Dieser Brief ergibt dann Sinn, wenn du weißt, dass der Mann, an den er gerichtet ist, dazu neigt, die Verantwortung für seine Angelegenheiten seiner Frau zuzuschieben, er hängt also eher im Kind, als dass er seinen Mann steht.

Ein weiteres Beispiel:

Liebste, weißt du eigentlich, wie großartig du bist? Du gehst unbeirrt deinen Weg, stellst dich auch schwierigen Herausforderungen wie heute, als du bei unserem Vermieter anriefst, obwohl du Angst davor hattest. Du tust das, wovor du am liebsten davonlaufen würdest, dennoch. Und das macht dich zu etwas ganz Besonderem.
Ich liebe dich!

Du verstehst, was ich meine. Schreibe also heute Abend diesen kurzen Brief, und lege deinem Partner diesen Brief morgen früh unter die Kaffeetasse.
Und das tue bitte zwei Wochen lang. Egal, wie er oder sie reagiert, bleibe unbeirrt, und lobe. Du sprichst eine

Sprache der Liebe, und damit sitzt du energetisch gesehen am längeren Hebel.

Selbstverständlich schreibst du dir selbst auch diese Briefe, jeden Abend. Muss ich das noch erwähnen?

Die dunkle Seite des Lobens

Die dunkle Seite des Lobens möchte ich nur ganz am Rande streifen, denn die kennen wir zur Genüge. Das Loben, um den anderen zu manipulieren, ist tägliche Praxis und in meinen Augen geradezu schwarzmagisch. Warum nenne ich das so? Weil wir hämisch und perfide mit dem tiefsten menschlichen Bedürfnis, nämlich anerkannt und positiv wahrgenommen zu werden, spielen, wenn wir das Loben als Waffe einsetzen. Überprüfe, wenn du lobst, einfach, ob du dem anderen etwas geben oder ob du etwas von ihm haben willst. Willst du etwas von ihm, dann enthalte dich des Lobes, und frage ihn direkt. Ganz einfach. Wenn nicht – lobe. Wir können gar nicht genug liebendes Lob aussprechen. Wir haben in den westlichen Ländern mit Sicherheit ein immenses Defizit, wenn es um das Mutmachen und das Bestärken geht. Wenn du gelobt wirst, nimm das Lob an, und sage Danke – mehr bist du dem Lobenden nicht schuldig. Du brauchst für den anderen weder etwas zu kaufen noch für ihn da zu sein oder dich über Gebühr zu verausgaben.

»Mit Speck fängt man Mäuse« lautet eine sehr richtige Floskel. »Susanne, du kannst das doch, das weiß ich – ich traue dir das zu!« muss man mir nur sagen, schon funktioniere ich und schaue gar nicht mehr, ob ich überhaupt genug Zeit, Kraft und auch Lust habe, um das zu tun, was von mir verlangt wird. Lass dich nicht ködern. Nur weil du etwas kannst, musst du es noch lange nicht machen. Denn am Ende fragt dich keiner, wie hoch der Preis war, den du gezahlt hast. Bleibe in deiner bewussten Selbstverantwortung, auch wenn das Lob noch so guttut. Sage: »Danke für die Wertschätzung.« Und dann gehe, wenn dich jemand ausnutzen oder über deine wahren Grenzen hinweg anspornen will.

Warum scheuen wir uns, zu loben? Weil wir weder Überheblichkeit noch Arroganz unterstützen wollen. Wir alle kennen Menschen, die sich augenscheinlich für die Größten halten. Ein Lob scheint nur noch Öl ins Feuer ihrer Angeberei zu gießen. Doch ich erlebe oft das Gegenteil.

Ein *echtes Lob,* das ernst gemeint ist, transportiert immer Liebe und *echte Wertschätzung.* Und kommt immer im Herzen an.

Wenn jemand sein Ego mit meinem Lob stärken will, soll er. Ich meine sein Herz, seine Seele, sein emotionales System. Ich lobe lieber einmal zu viel als zu wenig, denn ein echtes Lob berührt den anderen immer. Gerade wenn jemand angibt, sich aufspielt, braucht er echtes Lob.

Angeberei und Arroganz verdecken immer nur die Scham darüber, an irgendeiner wesentlichen Stelle zumindest gefühlt *nicht gut genug* zu sein.

Übung

Lobe heute bitte mindestens fünf verschiedene Menschen. Die Kassiererin, weil sie so schnell, freundlich und/oder genau ist. Den Mitarbeiter, weil er effizient ist, weil er einen gut sitzenden Anzug trägt oder dir die Tür aufhält, während du mit Akten jonglierst. Es gibt sicher zehn Gründe, warum du jemanden kritisieren oder dich über ihn ärgern könntest. Mache dir nichts daraus, das wird nicht besser, würde eine Freundin von mir sagen. Du hast es aber in der Hand, worauf du deinen Fokus legst und auf welche Weise du dein Gegenüber bestärkst.

Es ist wirklich ganz einfach.

Wenn du *achtsam* bist, dann erkennst du, in welcher Situation dein Partner dich erfreut, weil du deine eigene *Freude* wahrnimmst. Und genau das teilst du ihm mit. Mehr ist es nicht. Es geht

also weniger um die Fähigkeit zu loben, als um
die Achtsamkeit, *wahrzunehmen,* auf welche
Weise dein Partner dich erfreut.

Um das zu üben, lobe deinen Partner bewusst und ausdrücklich. Und zwar genau in der Situation, in der du üblicherweise
kritisierst, schweigst oder missbilligst.

»Hä?«, fragst du, »ich soll ihn für etwas loben, das mich
nervt, geht's noch?«

Dein Partner hat einen Grund dafür, dass er sich auf eine
bestimmte Weise verhält, und unter dem Strich ist es immer
ein guter. Sein System ist wie deines auf Schmerzvermeidung
gepolt, und es schützt ihn. Wenn dein Partner etwas tut, das
dich nervt, dann ist es für ihn dennoch ein Energiegewinn,
egal, wie maskiert dieser auch daherkommen mag. Sonst würde er es nicht machen, ganz einfach.

Übung

Gehen wir ein bisschen tiefer. Nutzen wir den Leeren
Stuhl aus der Gestalttherapie, den du schon kennst
(S. 110).

Setze dich also auf deinen Stuhl, und sage deinem Partner zunächst alles, was du ihm sagen willst. Sprich dabei
von dir – auf welche Weise berührt dich sein Verhalten? Was macht es mit dir? Nicht: »Du hast …« sondern:

»Ich fühle …« ist in diesem Fall hilfreich, damit du dich selbst wahrnimmst, nicht ihn. Wenn du alles ausgesprochen hast, wenn du gefühlt hast, was du eben fühlst, dann setze dich bitte auf den Stuhl deines Partners, und sieh die Angelegenheit mit seinen Augen. Nun erkennst du die wahren Absichten hinter seinem Verhalten und verstehst, auf welche Weise er damit für sich sorgt oder was er zu vermeiden versucht. Unterlasse bitte das Bewerten, für deinen Partner ergibt sein Verhalten Sinn, sonst würde er es anders machen. Während du auf seinem Stuhl sitzt, erkennst du, welcher Aspekt Stärkung und Unterstützung braucht. An dieser Stelle darfst du ihn von nun an bestärken, loben und anerkennen.
Setze dich noch einmal zurück auf deinen Stuhl, und sage ihm genau das.
Natürlich kannst du diese Übung auch mit dir selbst machen: Setze dich dem Anteil in dir gegenüber, dessen Verhaltensweise du verstehen willst, damit du dich auf die richtige Weise bestätigen und unterstützen kannst.

Wenn du nicht erkennen kannst, auf welche Weise dein Gegenüber (das auch ein Teil von dir selbst sein kann) deine Unterstützung, dein Lob, deine Anerkennung braucht, dann gibt es einen Trick:

Stelle einen dritten Stuhl dazu – den Stuhl der *Antworten*. Auf diesen Stuhl kannst du die Kräfte bitten, denen du vertraust – zum Beispiel den Engel, der für die *Sprache der Liebe* zuständig ist, über die du mehr erfahren willst.

Ein Beispiel:

Dein Partner verspricht dir oft etwas, das er nicht halten kann, er enttäuscht dich, er missbraucht dein Vertrauen. Wenn jemand etwas sagt und sich nicht daran hält, dann schmerzt das zu Recht, und dein Gehirn gibt dir bei jeder Enttäuschung einen weiteren Warnhinweis. Irgendwann greift die Schmerzvermeidung, und du glaubst ihm aus Selbstschutzgründen einfach nichts mehr, du verstummst, versteinerst, verlierst Vertrauen und Achtung. Zu Recht. Auf der einen Seite. Du setzt dich auf deinen Stuhl und sagst ihm alles, was du zu sagen hast. Doch dann wechselst du die Seite. Und nun geschieht ein Wunder. Denn plötzlich spürst du, wie gern dein Partner alles, was er verspricht, auch tun würde. Du erkennst, wie ernst er es jedes Mal meint und wie groß seine Sorge ist, dich zu enttäuschen – auch wenn er die Enttäuschungen gerade durch seine Versprechen hervorruft. Du erkennst, wie sehr er selbst daran glaubt, es dieses Mal zu schaffen. Du erkennst auch, dass er dich zu beschwichtigen versucht, dass er sich Raum verschafft, indem er dir etwas verspricht, dass er ein wenig Zeit schindet. Du siehst, wie sehr sein inneres Kind Angst hat, zu versagen, wie sehr es dir recht machen will und deshalb Dinge verspricht, die er gar nicht halten kann. Du erkennst seine Vermeidung, die Scham, die ihn davon abhält, zuzugeben, dass er nicht alles erfüllen kann, obwohl er so gerne würde. Du erkennst auch, dass er nicht gut Nein sagen kann und deshalb alles Mögliche verspricht, obwohl er in Wahrheit nie vorhatte, seine Versprechen auch einzulösen. Du erkennst seine Not, welche die deinige verursacht.

Auf welche Weise kannst du ihn nun bestärken und loben? Und weshalb solltest du das tun? Nun – du liebst ihn. So stellst du jetzt den Stuhl der Antworten dazu. Wenn es in dein Glaubenssystem passt, dann bitte den Engel, der dafür zuständig ist, den Engel des Lobes, den du in der Meditation kennengelernt hast, diesen Platz zu erfüllen.

Du setzt dich auf diesen dritten Stuhl, und auf einmal weißt du, was du zu sagen hast. Denn auf diesem dritten Stuhl der Antwort erkennst du, was sein System tatsächlich braucht, wo Kraft fehlt, und wie du sie ihm durch Lob und Anerkennung geben kannst.

»Ich sehe, wie sehr du dich anstrengst, um es mir recht zu machen, und wie sehr du mich erfreuen willst«, sagst du zum Beispiel, »und ich nehme das sehr gern an. Ich sehe deine Liebe, ich erkenne sie in dem, was du versprichst. Ich sehe auch, du willst mir nicht wehtun, indem du Ja sagst, obwohl du Nein meinst, und ich nehme auch diese Liebe und Fürsorge an. Ich sehe, wie du versuchst, mich aus deinem Kampf herauszuhalten, und wie sehr du dich innerlich zerreißt. Es ist wunderbar, wie viel du von dem, was du versprichst, auch einhältst. Ich danke dir für jedes eingehaltene Versprechen.«

»Stopp!!«, rufst du, »soll ich mich jetzt endgültig verleugnen? Ich bin wütend! Er hält nur eines von fünf Versprechen ein, soll ich ihm dafür einen Orden geben? Ist das nicht selbstverständlich, dass man zu dem steht, was man sagt?«

Nun, offenbar nicht.

Die *Sprache des Lobes* und der Anerkennung kann eben genau das: die Schätze erkennen, auch wenn vieles nicht stimmig ist. Sie stärkt das, was bereits gut läuft, sie gibt *Kraft* und richtet ihre Aufmerksamkeit auf das Gute.

Selbstverständlich ist dein Ärger mehr als berechtigt. Er dient hier aber nicht. Entweder du ziehst Konsequenzen und gehst, dann bist du das Thema los. Manchmal ist das auch genau richtig. Oder aber du stärkst das, was funktioniert. Denn hat dir all das Reden und das Kritisieren bislang etwas gebracht?

Richte von nun an bitte dein Augenmerk ausdrücklich auf das, was gut läuft. Je selbstverständlicher es dir erscheint, umso achtsamer darfst du werden.

Der Engel des Lobes sagt dazu:
»Zu loben stärkt das System der Menschen, ihr bestärkt den anderen in seinem Ausdruck, und das gibt ihm die Kraft, sich

anders zu verhalten, besser zu werden, liebevoller, achtsamer, kreativer. Ihr stärkt die Liebe des Menschen zu sich selbst und hebt ihn damit eine Stufe höher. Seine Schwingung verändert sich, wird schneller, und damit kommen andere Gedanken und Gefühle zu ihm. Ihr erhöht seine Schwingung, indem ihr lobt, und deshalb ändert sich sein Bewusstsein, neue Lösungen sind auf einmal möglich. Ihr bringt eine Saite in ihm zum Klingen, die er nicht kennt und die ihm eine neue Musik eröffnet. Ein Lob ist wie eine Vitamininjektion, die das ganze System mit frischer Kraft versorgt, es eröffnet neue Möglichkeiten. Lobt euch gegenseitig, und lobt euch selbst, damit erhöht ihr die Energie in euch und in anderen, und lichtvolle Kräfte können leichter zu euch durchdringen.«

Fällt es dir auch so schwer, das zu akzeptieren, wie mir? Auch wenn es sich sehr stimmig anhört? Diese Sprache der Liebe kann tatsächlich eine riesige Herausforderung sein, besonders, wenn du erkennst, wie perfektionistisch du bist, wie wenig du gelobt wurdest, wie beschämt du bist. Du hängst die Stange immer höher, bist nie gut genug, bist es nie wert, anerkannt zu werden. Deshalb ist es umso wichtiger, dass du bei dir selbst anfängst.

Übe, dich selbst zu loben. Jeden Tag. Jede Stunde. Ich bin sehr sicher, dass du vieles tust, das des Lobes und der Anerkennung würdig ist. Jetzt gerade tust du etwas, für das du dich loben darfst: Du beschäftigst dich mit dir selbst. Du bist bereit, die Liebe auf diesem Planeten zu verstärken, mehr Liebe in dein Leben fließen zu lassen und mehr Liebe zu geben.

Sei achtsam. Nimm bewusst wahr, wie gut dir dein Partner oft tut, auch wenn du dich manchmal ärgerst. Konzentriere dich auf dieses gute Gefühl, nimm es bewusst wahr. Verstärke es, indem du es aussprichst. »Das tut mir gerade sehr gut, das schmeckt mir, das fühlt sich gut an, das gefällt mir, darauf hab ich mich schon den ganzen Tag gefreut.«

Wenn du gar nicht loben kannst, dann probiere folgende Sätze:

Es ist so beruhigend (oder aufregend, je nachdem ...), dich zu sehen.

Dein Lächeln tut mir gut.

Es ist schön, deine Hand zu halten.

Danke, dass du bei mir bist.

Ich habe mich heute auf dich gefreut.

Niemand versteht mich so wie du.

Ich fühle mich geborgen bei dir.

Ich liebe es, wenn deine Augen strahlen.

Es ist schön, neben dir einzuschlafen und aufzuwachen.

Lob bedeutet: »Ich nehme dich wahr, und ich sehe Gutes in dir.« Das zu geben, dir selbst und deinem Partner, sollte doch zu schaffen sein.

Wie aber nehme ich Lob an? Denn auch das gehört zur Sprache der Liebe – wenn du Lob und Anerkennung abwertest, dann erlaubst du dem Lobenden nicht, seine Liebe zu dir auszudrücken, zumindest nicht erfüllend und befriedigend.

Was gibt dir der Lobende? *Aufmerksamkeit, Liebe, Energie. Stärkung.* Und wie in der Hilfsbereitschaft auch genügt es vollkommen, einfach Danke zu sagen.

»Danke für die Energie, die Aufmerksamkeit. Danke, dass du mich positiv wahrgenommen hast.«

Ob du das, was der andere lobt, an dir selbst für lobenswert hältst, spielt dabei gar keine Rolle. Er hat dir Energie gegeben. Und dafür sagen wir *Danke.*

Auch die Sucht nach Anerkennung gehört zur dunklen Seite. Wenn du bereit bist, dich über Gebühr anzustrengen, um gelobt zu werden, weißt du wenigstens schon einmal eines über dich: Dein inneres Kind spricht die Liebessprache des Lobes. Dann aber solltest du dich schnellstmöglich aus der Situation herausholen und aufhören, dir Anerkennung zu erkämpfen.

Dazu eine weitere innere Reise, die für alle Sprachen der Liebe gilt:

Übung: Den Kampf beenden

Gehe in deiner Vorstellung durch ein Tor, das dich in eine andere Welt führt, eine Welt, in der die Dinge eine tiefere Bedeutung haben. Nun rufe dein inneres Kind, auch wenn du es gar nicht kennst, stelle dir einfach vor, du hättest eines. Bitte es, dir eine Situation zu zeigen, in der es vergeblich oder auch erfolgreich um Anerkennung und Lob gekämpft hat. Schaue dir diese Situation nun bitte genau an. Auf welche Weise kämpft dein inneres Kind, was macht es? Bringt es Leistung? Kokettiert es? Ist es trotzig, besonders angepasst, über die Maßen hilfsbereit? Umschmeichelt es die Erwachsenen? Lass dir Zeit, zu erkennen, auf welche Weise das innere Kind um Lob kämpft, so lange, bis du dich selbst darin erkennst. Nun schaue dir eine Situation aus deinem Beziehungsleben an. Wie kämpfst du heute um Anerkennung und um Lob, was tust du, oder was lässt du? Strafst du mit Liebesentzug, wenn nicht genug Anerkennung kommt, verweigerst du dich, oder strengst du dich noch mehr an? Schaue so lange hin, bis dir ganz bewusst wird, wie du kämpfst, was du tust.

Und dann lass es. Kapituliere. Du wirst nicht bekommen, was du dir wünschst, nicht so. Denn wenn dir der andere nicht aus Liebe, ganz und gar freiwillig, gibt, was du brauchst, dann ist es keine Liebe, sondern ein Geschäft. Und das nährt dich nicht. Mache dir klar, dass du in Wahrheit Liebe suchst, in welcher Form auch immer. Und dass man sich Liebe nicht erstreiten kann. Das weißt du sowieso. Öffne nun wieder deine Augen, und praktiziere von nun an mehr Selbstliebe, besonders für das innere Kind.

Zärtliche Berührung – Geborgenheit und nährende Umhüllung

Pol: weiblich, nährend, Raum gebend, umhüllend
Qualität: tröstend

»Ich umhülle dich, ich halte dich, ich lege mich um dich und stärke dich mit meiner physischen Kraft, ich nähre dich und beschütze dich. Ich gebe dir Geborgenheit und erschaffe dir einen Raum, der dir die Geborgenheit in der Gebärmutter schenken will. Ich berühre dich und tröste dich, gebe dir von meiner Energie ab und zeige dir, du bist nicht allein.«

In der Zärtlichkeit geht es nicht um die Erschaffung eines gemeinsamen Raumes. Der Zärtliche weiß um die menschliche Verletzlichkeit und schenkt Trost, Halt, Geborgenheit. Er legt sich energetisch um den Partner und erkennt damit die emotionale Verletzlichkeit, sogar die Bedürftigkeit an. Durch die Berührung zeigt er:
»Ich bin da, ich halte dich, ich gebe dir durch mein körperliches Sein Trost und Kraft.« Der Zärtliche ist sich seines Menschseins bewusst, seines Körpers, er weiß um die ganz

natürliche Geborgenheit, die sich Herdentiere schenken, und tut es ihnen gleich. Er weiß, wie beruhigend der Herzschlag eines anderen Menschen ist, wie sehr die Körperenergie auf Berührungen reagiert. Kinder sterben, wenn sie nicht berührt werden. Der Zärtliche stellt sein Menschsein zur Verfügung, seinen Körper und seine Körperenergie. Mit Sex hat das nichts zu tun! »Lehn dich an mich, ich gebe dir Halt«, sagt er, »schau, ich bin da, ich bin spürbar, ich bin bei dir.«

Wird der Zärtliche nicht berührt, oder darf er nicht berühren, dann fühlt er sich einsam, kalt, abgegrenzt.

Innere Reise: Zärtliche Berührungen – Mit Liebe umhüllen

Mache es dir bequem, lege dich hin, es gibt nichts mehr für dich zu tun, als einfach hier zu sein und deinen inneren Bildern zu folgen. Diesen inneren Bildern darfst du vertrauen, du darfst dem, was du fühlst und wahrnimmst, vertrauen.

Vor dir entsteht eine Lichtsäule, die dir Wärme und Leichtigkeit anbietet, und du trittst hinein. Augenblicklich durchströmt dich das Licht der Lichtsäule, du entspannst dich noch tiefer, wirst immer leichter. Engel erscheinen, wenn du an Engel glaubst. Wenn nicht, dann stelle dir vor, du bist von lichtvollen Begleitern umgeben. In dieser Welt ist das möglich, einfach so, egal, ob es das tatsächlich gibt oder nicht. Diese Lichtwesen lassen dich nun so leicht werden, dass du in dieser Lichtsäule wie in einem Aufzug nach oben steigst, du schwebst und wirst immer leichter. Dein Geist öffnet sich, dein Bewusstsein wird weiter. Immer mehr entfernst du dich von der Bürde des Menschseins, lässt all die Anstrengungen hinter dir und beginnst zu lächeln. Die Lichtwesen heben dich noch ein Stück weiter hoch – und jetzt entsteht ein Raum, ein lichtvoller Energieraum, weicher und heller, als du ihn je gesehen hast. Etwas in dir kann loslassen, Ruhe und Frieden finden, möglicherweise fühlst du dich gar, als seiest du nach Hause gekommen. Eventuelle Lasten fallen vor dir ab, alles, was du für andere getragen hast, kannst du nun loslassen. Die Lichtwesen nehmen es dir sanft von den Schultern und lösen auch die harten Panzerungen ab, die sich in deinem Energiekörper gebildet haben. Dadurch darf auch dein physischer Körper weicher werden, sich tiefer entspannen, du atmest freier und kommst noch mehr bei dir an. Du schaust dich um und erkennst sehr viele Lichtwesen, Engel oder wie immer du sie wahrnimmst. Sie sind unterschiedlich, fühlen sich auch unterschiedlich an. Eines der Lichtwesen kommt nun auf dich zu.

»Ich bin der Engel der Zärtlichkeit«, sagt er, und du fühlst sich auf der Stelle gehalten. »Lass mich dir zeigen, wie ich wirke«, hörst du den Engel sagen, und eine Szene erscheint vor deinem inneren Auge, irgendeine alltägliche Szene. Vielleicht nimmst du dich selbst wahr oder andere Personen. Wenn dir keine Szene einfällt, dann erinnere dich einfach an etwas aus deinem Leben, das dir Schwierigkeiten bereitet hat oder noch bereitet. Stelle dir die Situation so deutlich wie nur möglich vor. Nun lässt der Engel der Zärtlichkeit auf einmal seine Energie in diese Situation mit hineinfließen. Was geschieht nun? Du siehst, wie sich Energie um die Menschen legt, wie sie umhüllt werden, gehalten, getröstet. Sie nehmen sich in den Arm, wenn der Engel wirkt, berühren sich, schenken sich gegenseitig Wärme, Nähe und Trost. Was geschieht dadurch? Kannst du das erkennen? Das Energiefeld des Menschen, der gehalten wird, entspannt sich, wird ruhig. Der Mensch kommt wieder in seiner Mitte an. Durch das Gehaltenwerden kann der Gehaltene wieder in seinen Körper einströmen, denn durch das Berühren erinnert er sich an seinen Körper. Er kommt bei sich an, atmet tiefer, spürt sich selbst wieder. Von hier aus kann er Kraft schöpfen und weitergehen. Ganz deutlich spürst auch du selbst das Energiefeld der Zärtlichkeit, der Berührung, und du erkennst, dass dich der Liebende, der sich über Zärtlichkeit ausdrückt, durch die Berührung sanft in den Körper zurückholen will. Der Engel zieht nun seine Energie vorsichtig wieder zurück, und du schaust, was passiert. Es ist, als verrutsche die Mitte des Menschen, den du vor Augen hast, es ist, als müsse er sich plötzlich mühsam selbst halten. Du erkennst, wie wertvoll die Sprache der Zärtlichkeit auf der Erde ist, wie wunderschön, wenn dich jemand sanft einlädt, zurück in deinen Körper zu kommen, und dich tröstet. Sanfte Berührungen nähren das Körperenergiefeld, erden, der Atem vertieft sich, und sogar das Nervensystem reagiert darauf. Nun fragst du dich selbst und den Engel, ob diese Zärtlichkeit deine bevorzugte Sprache der Liebe ist, und du weißt die Antwort noch in dem Moment, in dem du die Frage stellst. Auch ob dein Partner diese Sprache spricht, erkennst du sofort, indem du sein Energiefeld anschaust und den Engel fragst. Lass die Antwort gelten, für den Moment ist sie richtig. Manchmal ist die Sprache des anderen nicht offensichtlich, obwohl sie der Seele entspricht. So glaube dem Engel und deinen Wahrnehmungen. Lass dich nun, wenn du schon einmal da bist, noch ein wenig von der Kraft der Engel umhüllen und mit Zärtlichkeit versorgen. Sprichst du selbst die Sprache der Zärtlichkeit, dann bitte den Engel, dir von nun an noch mehr zur Seite zu stehen, wenn du das magst.

Schöpfe Trost und Kraft, solange du willst, und komme dann, wenn du so weit bist, durch die Lichtsäule langsam wieder zurück. Atme ein paar Mal tief durch, komme wieder an in dem Raum, in dem du liegst.

Kinder sterben, wenn sie nicht berührt werden. Sanfte Berührungen senken den Blutdruck, beruhigen das Nervensystem, heilen sogar. Warum sind wir so geizig damit? Weil wir uns über eine Berührung sofort nah sind, sofort als menschlich outen, sofort die Kontrolle zu verlieren scheinen.

Zärtlichkeit spricht eine ganz eigene Sprache, die oftmals sehr viel *tiefer* geht als Worte.

Warum verweigern wir anderen, aber vor allem uns selbst so oft die Zärtlichkeit? Weil sie uns unsere Bedürftigkeit spüren lässt. Unsere Verletzlichkeit. Weil sie uns ohne Umschweife im inneren Kind und in unserer tiefsten Sehnsucht nach Geborgenheit erwischt. Weil Zärtlichkeit einen immensen Kontrollverlust zur Folge hat, wenn du dich auf sie einlässt. Eine machtvolle Sprache ist sie also, diese Zärtlichkeit. Und eine, die häufig missbraucht und missverstanden wird. Denn sie hat nichts mit Sex zu tun. Und auch nichts damit, einem anderen Energie abzuziehen, sich am anderen zu nähren. Wir müssen kurz über das innere Kind sprechen, wenn wir diese Sprache der Liebe verstehen und sie in all ihrer Schönheit nutzen wollen.

Denn das innere Kind, machen wir uns nichts vor, ist zumeist tief bedürftig und will gehalten werden. Verfällt einer der Partner sofort in den Inneres-Kind-Status, wenn er Zärtlichkeit empfängt, dann hält der andere statt seiner/m Geliebten ein Kind im Arm. Und das fühlt sich nicht nur anders an, es ist auch sehr Energie raubend, wenn es nicht bewusst geschieht. Du wirst aus der Partner- in die Elternrolle gezwungen, wenn der andere auf einmal wie ein Kind ist. Auch andersherum passiert das: Wenn du deinen Partner in den Arm nimmst und allzu behütend, beschützend wirst, dann zwingst du ihn geradezu in die Kindrolle.

Erinnerst du dich an die Anfänge eurer Liebe? Ihr konntet (hoffentlich!) nicht die Hände voneinander lassen, musstet euch dauernd berühren, brauchtet den Körperkontakt wie die Luft zum Atmen. Nun, wenn einer von euch beiden diese Sprache der Liebe spricht, dann hat sich für ihn nichts daran geändert, und er verhungert an deiner Seite, wenn du ihn nicht berührst oder dich berühren lässt. Ich hatte aufgrund einer Erkrankung meines damaligen Partners sehr einsame Zeiten, in denen ich sogar neidisch wurde, wenn die kleinen Kinder meiner Patientinnen während der krankengymnastischen Behandlung auf ihnen herumgetollt sind. Nicht wegen der Kinder war ich neidisch, sondern weil meine Patientinnen berührt wurden. Sie wünschten sich dagegen oft ausdrücklich, einmal für fünf Minuten nicht betatscht zu werden. Ich lebte ungefähr drei Jahre lang fast ohne jede Berührung und wurde sehr zwanghaft, wenn es um das Dekorieren meiner Wohnung ging. Als ich dann endlich einen Tantrakurs besuchte, einfach, um überhaupt einmal wieder eine Art von Kontakt zu bekommen, tobte ich danach durch meine Wohnung und warf all die sorgfältig aufgestellten Dekosachen durcheinander, weil ich erkannt hatte, was ich in Wahrheit so sehr vermisste. Und das, obwohl ich in einer Beziehung lebte! Natürlich wurde ich sofort süchtig nach dem erstbesten Mann in diesem Tantrakurs, der mich wahrnahm. Das ist die Kehrseite.

Heute nehme ich gerade aufgrund dieser Erfahrung Zärtlichkeit sehr bewusst war und bin tief dankbar dafür, wenn sich meine Katzen auf meinen Schoß kuscheln oder mich mein Mann liebevoll hält. Es ist nicht selbstverständlich, dass uns ein anderer liebend berühren möchte. Genauso wenig wie es selbstverständlich ist, dass ein anderer unsere liebende Berührung erlaubt und haben will.

> Zärtlichkeit sorgt wie fast keine andere Sprache für *Verbundenheit,* ohne Umschweife. Der Berührende schert sich weder um Sicherheitsabstände noch um deine Privatsphäre, er greift durch alle Abwehrschichten hindurch und fasst dich an. Auf der Stelle hat er deine *Aufmerksamkeit,* das geht nicht anders.

Wir müssen auf Berührung reagieren, denn sie könnte gefährlich sein. Berührungen kannst du nicht ignorieren, außer du tust es bewusst. Je kontrollierter du lebst, je sorgsamer du deine Gefühle und Bedürfnisse unter Kontrolle zu halten versuchst und je mehr du deinen eigenen Körper ablehnst, desto stärker könntest du eine Berührung als Übergriff erleben.

Wie oft sehnen wir uns nach Zärtlichkeit, aber der Partner fasst uns »irgendwie falsch« an. Also leben wir lieber ohne Berührung.

Üben wir absichtslose Zärtlichkeit. Denn diese Liebessprache ist viel zu kostbar und zu gesund, um sie zu vernachlässigen.

Übung

Findet bitte eine Position, in der ihr euch berühren könnt, aber nicht müsst. Setzt oder stellt euch einander gegenüber, legt euch nebeneinander. Ihr wisst am allerbesten, welche Position für euch stimmig ist, das kann auch am Küchentisch geschehen. Macht kein großes Ding aus dieser Übung, beginnt sie einfach jetzt, sofort. Einer von euch beiden schließt bitte die Augen. Der andere beginnt, den Partner zu berühren. Lege eine Hand auf seinen Arm. Streichle ihn sanft im Gesicht. Berühre ihn am Kopf, tue, was sich für dich gut anfühlt, auch wenn du das noch nie getan hast. Unterlasse aber bitte sexuelle Reizungen. Der Berührte gibt nun in jeder Minute Rückmeldung, indem er Ja oder Nein sagt. Gefällt dir eine Berührung, dann sage Ja. Magst du eine bestimmte Berührung nicht, dann sage Nein. Sagt der Berührte Nein, dann höre bitte sofort auf, ihn an dieser Stelle zu berühren, und gib ihm auf andere Weise, an einer anderen Stelle, Zärtlichkeit. Frage ihn, ob die Stelle, die Art der Berührung oder beides unangenehm ist. Das ist natürlich sehr schwierig, wenn ihr gewohnt seid, es einander recht zu machen und euch nicht zu verletzen. Tut es bitte dennoch. Denn nur wenn ihr lernt, ein Ja und ein Nein ganz ohne Bitterkeit anzuerkennen, könnt ihr einen wahrhaft sicheren gemeinsamen Raum aufbauen. Dazu braucht es von euch beiden große Achtsamkeit und die Bereitschaft und Fähigkeit, aufrichtig zu sein. Stellt euch vor, ihr lernt euch gerade kennen, denn das stimmt. Ihr lernt neue Bereiche kennen, an euch selbst und am anderen.

Nach zehn Minuten wechselt ihr bitte. Das Wechseln ist wichtig. Denn Zärtlichkeit funktioniert nur wechselseitig, beide dürfen das Geben und das Nehmen üben. Und auch das Neinsagen, wenn etwas nicht stimmig ist. Denn wenn du dich nicht traust, Nein zu einer bestimmten Berührung zu sagen, dann wirst du auf die Dauer alle Berührungen vermeiden. Die Schmerzvermeidung greift, ob uns das gefällt oder nicht.
Sprecht hinterher darüber, wie ihr euch gefühlt habt. Führt diese Übung bitte eine Woche lang jeden Tag durch, damit ihr lernt, euch neu und achtsam zu begegnen. Euch selbst und dem Partner.

Wenn ihr es ein wenig spiritueller haben wollt:

Übung

Einer von euch beiden legt sich bitte hin. Legt euch schöne Musik auf, zündet ein paar Kerzen an, wenn ihr euch die Mühe machen wollt (sie lohnt sich allemal, soll euch aber nicht davon abhalten, einfach zu beginnen, egal, ob ihr es gerade kuschelig habt oder nicht). Du als Gebender schließt nun deine Augen und atmest ein paar Mal in dein Herz. Stelle dir vor, aus deinem Herzen strömen goldene Lichtfäden. Sie fließen die Arme herunter und in deine Hände, bis deine Hände ganz golden sind. Deine Liebe, deine Herzkraft, fließt nun also in deine Hände und durch sie hindurch. Nun berühre deinen Partner, lege einfach deine Hände auf bestimmte Körperstellen, und sende deine Liebe (und nur deine Liebe!) durch sie in den anderen hinein. Sei dabei bitte sehr achtsam, und stelle sicher, dass nur das Gold aus deinem Herzen in den anderen hineinströmt, sonst nichts. Sonst läufst du Gefahr, ihn zu manipulieren. Du als Liegender darfst spüren, was in dir passiert, aber du darfst auch einfach nur daliegen und nichts tun. Genießt den Liebesstrom, solange er dauert. Wenn du spürst, dass das Gold verblasst, was nach einer gewissen Zeit passiert (denn du gibst gerade Energie, und irgendwann ist es für dein System genug), dann nimm sorgsam deine Hände wieder vom Körper herunter. Ziehe deine Lichtfäden zu dir zurück, und komme wieder ganz bei dir an.

Für diese Übung brauchst du weder eine Ausbildung noch irgendeine Einweihung – mache sie aber bitte nur mit deinem Partner oder mit Freunden. Denn du gibst deine private, persönliche und menschliche Herzkraft, und die solltest du sehr achtsam behandeln. Willst du auf diese Weise durch Handauflegen mit Klienten arbeiten, so braucht es andere, überpersönliche und dadurch unbegrenzte Energiequellen. Die Technik aber ist die gleiche.

Berührt euch bewusst. Absichtlich. Ausdrücklich.

Das Leben hat euch beiden ein riesiges Geschenk gemacht: *Ihr habt euch.* Nutzt dieses Geschenk. Der Körper des anderen ist ein einziges Sinnesorgan, und du hast es in der Hand, deinen Partner und dich gleich mit zu *glücklichen* Menschen zu machen.

Massiert euch abends beim Fernsehen die Füße. Gegenseitig. Haltet Händchen, wenn ihr unterwegs seid, einfach so, probiert es einmal wieder aus. Umarmt euch wieder, wenn ihr euch seht, nicht so flüchtig, sondern bewusst. Übt die Herz-zu-Herz-Umarmung:

Übung: Die Herz-zu-Herz-Umarmung

Stellt euch voreinander, setzt euch einander gegenüber, oder legt euch in der Löffelchenstellung hintereinander. Setzt ihr euch einander gegenüber, dann bitte so:

Ihr setzt euch auf den Boden, streckt beide eure Beine in V-Form aus. Partner X legt sein linkes Bein über das von Partner Y, Partner Y tut das Gleiche. Euer jeweils rechtes Bein liegt nun also unter dem jeweils linken des Partners, euer jeweils linkes über dem jeweils rechten des anderen. Natürlich funktioniert das auch andersherum. Auf diese Weise seid ihr ineinander verschränkt und könnt sehr nah zueinander rücken.

Findet eine Position, in der sich eure Herzchakras berühren. Das Herzchakra kann sich auch nach hinten öffnen, deshalb funktioniert auch die liegende Haltung. Haltet euch bequem und liebevoll, dann atmet bewusst in eure Herzen. Lasst aus dem Herzen Energie in das Herz des anderen strömen, das geschieht ganz von selbst, indem ihr euch an eure Liebe erinnert. Atmet zusammen, seid einfach beieinander, und berührt euch.

Wollte ihr es ein wenig intensiver haben, dann probiert Folgendes: Gleiche Position, aber jetzt lasst ihr die Energieströme bewusst fließen.

Als Frau fließt die Energie durch deinen Schoß in dich ein, du nimmst sie in dich auf, lässt sie zum Herzen strömen, in die Brüste, und von da aus sendest du deine Liebe während der Umarmung zu deinem Partner.

Als Mann strömt deine Liebesenergie aus deinem Schöpferorgan, deinem Geschlecht, aus dir heraus, und du nimmst die Liebe über das Herz in dich auf.

Umarmt euch also, und atmet dann ganz bewusst Energie ein. Als Mann in das Herz, als Frau in den Schoß. Atmet sie aus: als Mann durch das Geschlecht, als Frau durch die Brüste. Nehmt jeweils die Energie des anderen in euch auf, so entsteht ein sehr kraftvoller Kreislauf, der euch tief verbindet.

Lebt ihr in einer gleichgeschlechtlichen Beziehung, so probiert bitte aus, wer von euch beiden welchen Energiefluss besser halten und spüren kann, oder wechselt einfach.
Nutzt diese Herz-zu-Herz-Umarmung und -Atmung jeden Tag, auch wenn euch vielleicht gerade nicht danach ist, damit ihr euer gemeinsames Energiefeld nährt und stärkt.

Um mehr Zärtlichkeit in eure Beziehung einzuladen, lohnt es sich, gemeinsam einen Massagekurs, einen Tantrakurs oder Kuschelpartys zu besuchen! Berührt euch bewusst, umarmt euch, sucht eure Nähe. Nutzt die Fülle, die ihr euch gegenseitig ermöglichen könnt.

Ist deine Sprache die Sprache der Zärtlichkeit, und der andere spricht sie nicht, dann kommst du in Schwierigkeiten. Alle anderen Sprachen der Liebe können wir uns eventuell auch von anderen Menschen geben lassen. Zärtlichkeiten aber werden üblicherweise nur innerhalb der Beziehung ausgetauscht, weil die sexuelle Komponente mitschwingen könnte.

Wenn du nicht berührt wirst, dann gerätst du in Not. An dieser Stelle darfst und sollst du ausdrücklich für dich sorgen.

Die Zärtlichkeit in der Selbstliebe

Bist du dir selbst gegenüber zärtlich? Ich meine damit nicht Sex, sondern – gehst du sanft und liebevoll mit deinem Körper um? Massierst du dir das Gesicht beim Eincremen nicht nur, damit du keine Falten bekommst, sondern um deinem Körper deine Liebe zu zeigen? Nimmst du dir Zeit für deinen Körper, erlaubst du dir, ab und zu nicht effektiv, sondern sinnlich zu sein?

Zärtlichkeit in der Selbstliebe ist mehr eine Einstellung als ein Verhalten. Du erwartest von deinem Körper nicht, dass er funktioniert, auch nicht, dass er möglichst sexy aussieht. Du gibst, statt zu nehmen und zu erwarten, einfach, weil du ihn liebst.

Wenn du Zärtlichkeit praktizierst, dann enthältst du dich des üblichen Wettrennens gegen alles Mögliche, das du sonst zu besiegen versuchst. Du schickst deinen Körper nicht in all die absurden Wettbewerbe – wer ist der oder die Dünnste, Schönste, Erfolgreichste, wer sieht am längsten jung aus und dieser ganze Blödsinn –, sondern gibst ihm liebevoll, was er braucht, damit er sich wohlfühlt. Nicht, »um zu«, sondern einfach nur so, weil er da ist.

Verstehst du? Ohne versteckte Absicht. Die Absicht, wenn du die Sprache der Zärtlichkeit sprichst, ist, deinem Körper das Geschenk der wohligen Berührung, der Geborgenheit zu geben, damit sich deine Seele gut aufgehoben fühlt.

Übung

Nimm bitte ein für dich besonders angenehm duftendes Körperöl. Und wenn du diese Übung schon tausend Mal gemacht hast, so ist sie doch immer wieder neu. Für deinen Körper gibt es nur das Jetzt. Setze dich so, dass du deine Füße massieren kannst. Und dann tue genau das. Erst den einen, dann den anderen. Liebevoll. Mit geschlossenen Augen. Achtsam, ohne sie zu bewerten. Enthalte dich des kritischen Hinsehens, und spüre sie nur. Spüre deine Füße und deine Hände gleichzeitig. Wenn du magst, dann stelle dir vor, dass aus deinem Herzen Lichtströme durch die Arme in deine Hände fließen und von deinen Händen aus in die Füße, während du diese massierst. Stelle dir nun vor, an deinen Fußsohlen gibt es Energiezentren, die sich öffnen, wie lichtvolle Tore in deinen Körper hinein. Die Energie fließt aus den Händen in die Füße, und du nährst dich selbst mit Liebe.
Halte jeden Fuß nach der Massage noch ein wenig, und spüre diesen Kreislauf in dir.

Warum ist Zärtlichkeit sich selbst gegenüber so wichtig? Weil du durch Zärtlichkeit sichtbar und fühlbar deine Aura veränderst.

Ein *zärtlich* berührter Körper wird weicher, sanfter, offener und aufrechter zugleich. Die Verpanzerungen lösen sich nach und nach, und du wirst im wahrsten Sinne des Wortes *berührbar.*

Lass dich professionell massieren. Gehe zur Kosmetik. Traue dich, eine Tantramassage zu buchen, damit dein Körper offen bleibt. Eine weitere Übung ist diese:

Übung

Stelle dir bitte vor, aus deinem Bauch wachsen links und rechts des Bauchnabels Lichtfäden heraus. Diese Lichtfäden bilden an ihren Enden leuchtende Lichthände. Die Lichthände greifen nun in deinen Körper hinein und streicheln jedes Organ. Sie halten es, wiegen es, massieren es, geben ihm, was es braucht – Aufmerksamkeit und sanfte Berührung. Schicke deinen Dank und dein Mitgefühl mit in dieses Organ. Besonders die wenig beachteten Organe, die durch deinen Lebensstil stark belasteten, brauchen diese Lichtberührung aus dir selbst heraus. Probiere das jeden Tag mit einem anderen Organ aus, halte das Gefühl und das Bild ein paar Minuten, und du wirst spüren, dass sich dein gesamter Körper verändert. Vielleicht erlebst du schon während der Berührung mit den Lichtfingern, wie du tief aufatmest und innerlich wärmer wirst. Es geht bei dieser Übung nicht darum, dich selbst zu heilen oder nach »Fehlern« zu suchen. Sondern wirklich darum, deine Organe liebevoll zu streicheln und zu halten.

Natürlich kannst du die gleiche Technik nutzen, um dich selbst abzutasten und nach deinem inneren Zustand zu schauen. Aber nicht in dieser Übung. Bitte halte dich nur, einfach so, ohne dich zu diagnostizieren oder ängstlich zu überprüfen. Dein Körper erlebt eine zärtliche Berührung völlig anders als die professionelle eines Arztes. Beide Berührungen sind wichtig und haben ihre Berechtigung. Und gerade deshalb schenke dir heute bitte das Streicheln.

Ziehe deine Lichthände wieder aus deinem Körper heraus und die Lichtfäden zurück in deinen Bauch hinein, wenn du für heute genug hast. Du kannst dich jederzeit selbst halten und streicheln, und das darfst du auch.

Dem inneren Kind Zärtlichkeit schenken

Für Kinder ist Zärtlichkeit, sind liebevolle Berührungen überlebensnotwendig, das wissen wir.

Hier sind zwei Übungen, mit denen du dich selbst beschenken kannst.

Übung: Das Kuschelkrafttier des inneren Kindes

Mache es dir bequem, lege dich hin, entspanne dich, und dann schließe deine Augen. Stelle dir vor, du gehst durch ein Tor, wie immer dieses Tor auch aussehen mag. Hast du es durchschritten, so entdeckst du hinter dem Tor eine liebliche Landschaft, in der du dich sehr wohl und entspannt fühlst. Die Sanftheit der Landschaft besänftigt auch dich, und du fühlst Frieden in dich einziehen. Du gehst ein wenig spazieren, setzt dich nach einer Weile unter einen Baum. Du weißt, dass du ein inneres Kind hast, einen Anteil in dir, der sehr kindlich ist und das auch sein darf, der sich kindlich freut, aber auch kindlich trauert, der die Welt in emotionaler Hinsicht eben wie ein Kind wahrnimmt. Weil das so ist, weißt du, hat dieser Anteil auch kindliche Bedürfnisse. Und das ist auch genau richtig so.

Auf einmal taucht in deine Nähe ein Tier auf. Es kommt auf dich zu, und du bleibst ganz still sitzen, bist ganz offen für diese Begegnung. Was auch immer es für ein Tier ist, es sagt dir durch die Kraft seiner Gedanken: »Ich bin das Krafttier deines inneren Kindes«. Lass das bitte einfach so stehen, egal, welches Tier vor dir steht oder sitzt. Frage es nur: »Welche Kraft gibst du denn meinem inneren Kind?«

Das Tier zeigt dir nun, auf welche Weise es deinem inneren Kind zur Seite steht, indem es dich die Kraft fühlen lässt oder ein wissender Gedanke in deinem Kopf aufblitzt.

»Ich habe einen Freund«, sagt das Krafttier, »dein inneres Kind hat einen weiteren Verbündeten. Es gibt ein Kuschelkrafttier.« Und nun erscheint es wie aus dem Nichts. Ein Krafttier, das ausschließlich zum Kuscheln für das innere Kind da ist. Du erkennst, Zärtlichkeit ist eine Kraft, natürlich! Also gibt es auch Krafttiere für Zärtlichkeit. Bitte nun die Krafttiere, sich deines inneren Kindes anzunehmen. Kennst du dein inneres Kind, dann lass dich von den Krafttieren zu ihm hinführen, kennst du es noch nicht, vertraue darauf, dass die Krafttiere es finden und ihm geben, was es braucht. Deine Aufgabe ist es nur, die Kräfte zu rufen, sie tun dann schon ihr Übriges. Sieh dich nun als Kind mit deinen Krafttieren spielen und kuscheln, und atme die Freude, die Geborgenheit tief in dein Herz.

Übung: Dein inneres Kind halten

Diese Übung erfordert einen kleinen Aufwand, aber er lohnt sich, das verspreche ich dir. Kaufe die bitte eine Puppe oder ein Kuscheltier, das du stellvertretend für dein inneres Kind auf den Arm nehmen kannst. Die Puppe oder das Kuscheltier ist kein Geschenk für das innere Kind, sondern es steht stellvertretend für das innere Kind, verstehst du? Wann immer du dich nun nach Zärtlichkeit sehnst und sie nicht bekommst, nimm das innere Kind auf den Arm, physisch, halte es, und streichle es. Es ist egal, wie das nach außen hin wirkt. Weißt du warum? Weil ein bedürftiges inneres Kind nach außen hin noch viel stärker wirkt. Ich hatte Zeiten, in denen ich mit einem Plüschtier sogar durch die Stadt gelaufen bin, einfach weil es mir so guttat. Anders hätte ich, als ich mitten in meiner Therapie war, den Tag nicht überstanden. Die Leute, die mich komisch ansahen, wussten ja nicht, wie viel Heilung ich gerade erfuhr. Und dass ich sonst das Haus gar nicht verlassen hätte. Es hat etwas mit Selbstverantwortung zu tun, das zu machen, was für dich richtig ist, egal, wie der Rest der Welt darauf reagiert. Wenn ich mich sehr bedürftig fühle, dann nehme ich die Puppe, die mein inneres Kind darstellt, auf den Schoß, während ich schreibe. Du kannst sie beim Fernsehen auf den Schoß nehmen und streicheln, probiere es einfach einmal aus, und nimm die wärmende und nährende Kraft in dich auf. Es wäre zu schade, sie aus Scham zu verpassen.

Genauso wichtig ist es, dir klar zu machen, wie oft du Zärtlichkeiten ertragen musstest, ohne sie zu wollen! Rette dich bitte aus diesen Situationen, indem du sie dir noch einmal vorstellst. Und dann gehe als die Person, die du heute bist, mit in diese vergangene Situation hinein. Stehe dir selbst zu Seite, hole dich selbst heraus. Gehe zu deinem jüngeren Selbst, und sage ihm: »Ich bin da. Ich sehe dich, und ich höre dich. Und ich glaube dir. Du bist frei, und du darfst deine Liebe geben, wem du willst – genauso wie du sie verweigern darfst. Deine Liebe ist ein wundervolles Geschenk, und niemand darf sie einfordern.« Und dann hole dein jüngeres Selbst aus der Situation heraus, indem du stellvertretend für dich selbst Nein sagst. Damals konntest du es aus vielerlei Gründen nicht, aber heute bist du frei, die Konsequenzen zu tragen.

Besonders wenn es um sexuellen Missbrauch geht, ist die Arbeit mit dem inneren Kind wesentlich. Hole dir dazu bitte Hilfe, das kann ein Buch nicht leisten. Immer aber kannst du dich selbst aus der vergangenen Situation befreien, indem du als der Erwachsene, der du heute bist, dazukommst und das tust, was damals ein Verbündeter hätte tun müssen. Du kannst jederzeit dein eigener Verbündeter sein. Umso freier und bereitwilliger wird deine Liebe zum Partner fließen.

Die dunkle Seite der Zärtlichkeit

Zunächst einmal: Sex ist toll. Sex mit Liebe ist noch toller. Sex mit Liebe und Zärtlichkeit ist definitiv ein Inkarnationsgrund. Zärtlichkeit aber ist nicht Sex. Wenn du das verwechselst, wenn du Sex mit Zärtlichkeit gleichstellst oder Sex an die Stelle getreten ist, an der du Zärtlichkeit vermisst und ersehnst oder geben willst, entfernst du dich von deinem wahren Bedürfnis. Gern Sex zu haben bedeutet noch lange nicht, dass du auch die Sprache der Zärtlichkeit sprichst, das gilt auch für deinen Partner. Bist du allzu bedürftig, dann fühlt sich deine Berührung auf energetischer Ebene wie das Saugen einer Zecke an. So leid es mir tut, das so sagen zu müssen. Du kennst diese Umarmungen, die dich aussaugen und die du am liebsten vermeiden würdest, weil du nichts bekommst, nicht einmal etwas ausgetauscht wird.

Die *dunkle Seite* der Zärtlichkeit ist das Ergattern, das Erschleichen von dich nährenden Berührungen.

Enthalte dich, wenn du dich dabei erwischst. Es ist besser, diesen Sex nicht zu haben, diese Umarmung zu unterlassen, wenn du dich dabei ertappst, Energie zu saugen. Warum? Weil es dich nicht wirklich nährt, sondern eher noch süchtiger macht.

Sex zu haben, wenn du *Zärtlichkeit* brauchst, ist wie Salzwasser zu trinken, wenn du am Verdursten bist. Es macht alles nur noch schlimmer.

Denn weil es so ähnlich aussieht, erkennst du es nicht gleich als Ersatz. Da bleibt nur diese seltsame Leere, die du nicht einordnen kannst ... Er hat dich doch berührt ... Sie hat dich doch in sich aufgenommen ... Warum fühlst du dich dennoch nicht geliebt, nicht erkannt? Verstehst du? Die Ersatzhandlung ist dem, was du brauchst, zu ähnlich, um vom Gehirn bewusst als bloßer Ersatz wahrgenommen zu werden, und deshalb kannst du deinen Mangel nur schwer als solchen identifizieren. Wenn der Sex also noch besser wäre, länger, anders, dann ... Du beginnst, an dem Ausdruck des Ersatzmittels herumzudoktern, statt zu erkennen, dass du schlicht die falsche Sprache erwischt hast. Selbstverständlich kann Sex ein wundervoller Ausdruck von Zärtlichkeit sein. Und auch Sex, der nicht ausdrücklich auf Zärtlichkeit basiert, kann sehr viel Energie geben. Mir geht es darum, dass du genau schaust, was du brauchst, und dich nicht selbst mit Ersatzhandlungen abspeist oder abspeisen lässt.

Genauso funktioniert es andersherum: Wenn du dir Sex wünschst, aber Zärtlichkeiten bekommst, bleibst du genauso unerfüllt. Schon daran erkennst du, dass ganz unterschiedliche Kräfte wirken. Zärtlichkeit fließt aus dem Herzen, Sex aus dem Wurzelchakra. Wie wunderschön, wenn diese beiden Energien verbunden sind und sich durchdringen! Du solltest es aber nicht voraussetzen.

Einen weiteren Aspekt der dunklen Seite bildet das Klammern des inneren Kindes. Deines und das der anderen. Wenn du so gar nicht die Hände vom Partner lassen kannst, wenn du die permanente körperliche Bestätigung brauchst, dass er noch da ist, dann kann es gut sein, dass du nichts geben willst, sondern etwas brauchst. Und dass die Liebe, die er dir durch Berührungen zeigt, im bodenlosen schwarzen Energieloch des bedürftigen inneren Kindes verschwindet. Damit bekommst du nie genug. Dein sogenanntes Liebeskonto bleibt ewig im Soll. Was für den gebenden Partner äußerst anstrengend und unbefriedigend ist. Wenn du erkennst, dass du süchtig und klammernd geworden bist, dann kümmere dich bitte unbedingt um dein inneres Kind, und führe die innere Reise »Den Kampf beenden« (S. 152) durch.

Von Herzen kommende Geschenke – die Fülle des Lebens zeigen

Pole: ein weiblicher und ein männlicher Aspekt – das Besorgen des Geschenkes, das Gespür für das Richtige und das Kaufen sind weiblich, erspürend und in sich aufnehmend, das Schenken und Weitergeben ist nach außen gerichtet, männlich.
Qualität: nährend

»Ich zeige dir die Fülle des Lebens, ich gebe mich dir in Form von Geschenken, sei es meine Zeit, meine Aufmerksamkeit oder auch gegenständliche Geschenke. Ich zeige dir, dass du immer genährt bist und dass genug für dich da ist, dass du erwünscht bist und dass ich dich wertschätze, indem ich dir das Leben versüße, verschönere, dich erfreue. Ich bringe die Freude zu dir und sorge dafür, dass du immer wieder spürst, wie kostbar und wertvoll du bist, weil ich dir die Fülle der Erde zeige. Ich zeige dir meine Liebe, indem ich dich an die unermessliche Fülle der Erde erinnere und sie dir zur Verfügung stelle, als Gegenentwurf zum Mangel.«

Der Schenkende weiß um die Schönheit und Fülle der Erde und stellt sie dem geliebten Menschen zur Verfügung. Er verströmt sich selbst in diesen Geschenken, und er gibt dem anderen Fürsorge, Freude und Schönheit, Erdkraft. »Ich zeige dir die Schönheit des Lebens, ich möchte, dass du spürst, dass du willkommen bist, dass alles, was du brauchst, auch für dich da ist! Und ich möchte dir ein Stück meiner Liebe geben, sichtbar, fühlbar, zum Anfassen.« Er ist wie ein Füllhorn, das die Schönheit und Freude der Erde verströmen möchte. Bei Jugendlichen kannst du häufig sehen, wie sie sich gegenseitig Kraftgegenstände schenken, Freundschaftsarmbänder, das berühmte Mixtape, eine Zusammenstellung von Musik auf CD oder Stick. Auch wenn du frisch verliebt bist, kannst du dem anderen gar nicht genug zukommen lassen. Du kaufst seinen Lieblingskäse, auch wenn er teuer ist, und möchtest dem Partner damit eine Freude machen: »Schau, das bist du mir wert«, sagst du ihm, »ich hab an dich gedacht, deine Bedürfnisse sind mir wichtig.« Beachtet der Beschenkte die Gabe nicht, dann fühlt sich der Schenkende tief verletzt und abgelehnt. »Du sollst mir doch nichts mitbringen«, sagt der Partner, weil er die Sprache der Zweisamkeit spricht und »überhaupt keinen Wert auf Gegenstände legt«. Und so nobel das klingen mag, du fühlst dich, als hätte er deine Liebe nicht gesehen. Und obwohl das völlig ohne Absicht geschehen ist, tut es sehr weh, denn das stimmt.

Hier ist eine innere Reise. Bitte führe sie durch, auch wenn du nicht die Sprache der Geschenke sprichst, damit du die Energien kennenlernst – und sie im Alltag, im Umgang mit geliebten Menschen erkennst!

Innere Reise: Geschenke, die von Herzen kommen – ein Stück der Seele weitergeben

Mache es dir bequem, lege dich hin, es gibt nichts mehr für dich zu tun, als einfach hier zu sein und deinen inneren Bildern zu folgen. Deinen inneren Bildern darfst du vertrauen, du darfst dem, was du fühlst und wahrnimmst, vertrauen.

Vor dir entsteht eine Lichtsäule, die dir Wärme und Leichtigkeit anbietet, und du trittst hinein. Augenblicklich durchströmt dich das Licht der Lichtsäule, du entspannst dich noch tiefer, wirst immer leichter. Engel erscheinen, wenn du an Engel glaubst. Wenn nicht, dann stelle dir vor, du bist von lichtvollen Begleitern umgeben. In dieser Welt ist das möglich, einfach so, egal, ob es das tatsächlich gibt oder nicht. Diese Lichtwesen lassen dich nun so leicht werden, dass du in dieser Lichtsäule wie in einem Aufzug nach oben steigst, du schwebst und wirst immer leichter. Dein Geist öffnet sich, dein Bewusstsein wird weiter. Immer mehr entfernst du dich von der Bürde des Menschseins, lässt all die Anstrengungen hinter dir und beginnst zu lächeln. Die Lichtwesen heben dich noch ein Stück weiter hoch – und jetzt entsteht ein Raum, ein lichtvoller Energieraum, weicher und heller, als du ihn je gesehen hast. Etwas in dir kann loslassen, Ruhe und Frieden finden, möglicherweise fühlst du dich gar, als seiest du nach Hause gekommen. Eventuelle Lasten fallen vor dir ab, alles, was du für andere getragen hast, kannst du nun loslassen. Die Lichtwesen nehmen es dir sanft von den Schultern und lösen auch die harten Panzerungen ab, die sich in deinem Energiekörper gebildet haben. Dadurch darf auch dein physischer Körper weicher werden, sich tiefer entspannen, du atmest freier und kommst noch mehr bei dir an. Du schaust dich um und erkennst sehr viele Lichtwesen, Engel oder wie immer du sie wahrnimmst. Sie sind unterschiedlich, fühlen sich auch unterschiedlich an. Eines der Lichtwesen kommt nun auf dich zu.

»Ich bin der Engel der Herzensgaben«, sagt er dir, und er trägt ein Füllhorn in den Händen. Die Energie des Füllhornes strömt wie ein Duft auf dich zu, es ist, als würdest du die lieblichsten Rosen, den zartesten Blütenhauch riechen. Deine Sinne öffnen sich, du wirst aufmerksam, wacher irgendwie. »Ich zeige dir, wie ich wirke«, sagt der Engel, und vor deinem inneren Auge entsteht eine übliche Alltagsszene. Das, was dir zuerst einfällt, das lass gelten. Schaue auf die Menschen, du erkennst ihr Energiefeld. Sie sind voneinander getrennt, berühren sich nur flüchtig, sind mit sich selbst beschäftigt und irgendwie schwer. Nun lässt der Engel der Herzensgaben seine Energie, die Energie des Füllhorns, nach unten in die Szene hineinströmen. Und auf einmal geschieht ein Wunder. Die Herzen der Menschen öffnen sich, vor allem aber wird ihre Erdung stärker. Du erkennst plötzlich, dass sie alle eine Art Kugel, ein Energiefeld besitzen, das unter ihren Füßen liegt und sie mit der Erde verbindet, das sogenannte Erdchakra. Durch die Energie des Füllhorns wird dieses Erdchakra stärker, leuchtet auf, die Herzensenergie strömt in das Erdchakra hinein und von da aus zum Herzen zurück. Die Menschen wenden sich einander zu und beschenken sich mit einem Lächeln, einem Blick, einer Geste. Auch eine hilfreiche Hand kann als Geschenk gemeint sein, schaue einfach, wie das Füllhorn wirkt, nicht immer sind Geschenke Gegenstände. Die Beschenkten fühlen sich plötzlich gesehen, wahrgenommen, und sie kommen stärker und stabiler auf der Erde an. Die Liebe strömt durch die Gesten, durch die Geschenke in das Aurafeld der Beschenkten und stärkt sie, erinnert sie daran, dass sie sich reich und genährt fühlen dürfen. Sie dehnen sich aus, Freude durchströmt ihre Körper. Der Engel verstärkt nun seine Energie, und du spürst die Kraft des Füllhornes sehr deutlich. Und auf einmal erkennst du, wie unermesslich wertvoll diese Kraft ist – gibt sie dir doch das Vertrauen, dass die Erde dich nährt, dass du bekommst, was du brauchst, und dass das Leben als Mensch freudig, leicht und voller Schönheit und Fülle sein kann. Der Engel zieht nun seine Energie wieder zurück, und deutlich spürst du, wie sich etwa in dir verschließt, ärmer wird, ein wenig enttäuscht. Du fühlst dich womöglich geradezu ein wenig im Mangel. Doch sofort verstärkt der Engel seinen Lichtstrahl wieder, und du spürst, die Süße und die Fülle des Lebens sind auch für dich da. Frage nun, ob diese Art, Liebe zu zeigen, deine wahre Ausdrucksform ist oder eher nicht. Vertraue ganz deiner Wahrnehmung, und frage auch nach dem Ausdruck deines Partners. Zeigt er seine Liebe über Herzensgeschenke? Und wenn ja, bist du bereit, sie von nun an anzunehmen und anzuerkennen? Du bleibst noch ein wenig in der Energie des Engels und lässt dich von ihm beschenken. Dann sinkst du ganz achtsam und in deiner Zeit wieder in der Lichtsäule nach unten. Du kannst jederzeit wieder ins Reich der Engel kommen, du kennst nun den Weg.

Herzensgeschenke stärken also das Energiefeld des anderen, weil du ihm die Fülle des Lebens zur Verfügung stellst. Gerade gestern hörte ich eine zauberhafte Geschichte: Ein Mann, dessen Liebesprache das Schenken war, brachte seiner Frau von einer Reise ein kleines, mundgeblasenes Glaspferdchen mit. Und weil er wusste, wie sehr sie Einhörner liebte, bat er den Glasbläser darum, ein kleines Hörnchen an dem Pferdekopf anzubringen. Liebevoller geht es doch kaum noch. Was wäre, wenn die Frau diese Liebesprache nicht verstanden hätte? Wie viel Liebe würde sie einfach nicht wahrnehmen können, was wäre das für eine Verschwendung?

Ein Herzensgeschenk bedeutet: *Ich sehe dich.*
Ich möchte dich *erfreuen.* Ich habe an dich
gedacht.

Doch wie oft vermuten wir hinter einem Geschenk folgende
Untertitel: Ich habe ein schlechtes Gewissen, ich will dich beschwichtigen. Ich stehle mich aus der Verantwortung, indem
ich dir eine Freude mache – auf die einfachste Weise. Denn
schnell einen Blumenstrauß zu kaufen macht sicher weniger
Mühe, als dem Partner Zeit zu schenken, Zärtlichkeit, als ihn
zu loben oder ihm zu helfen. So sehen wir das und fühlen uns
gekauft, manipuliert. Aber stimmt es? Was hat uns so misstrauisch gemacht? Und wie fühlt sich das wohl für den Schenkenden an?

Nun, oft genug waren schlechte Nachrichten in unserem
Leben mit Geschenken verknüpft, die uns das Ganze irgendwie versüßen sollten.

Wie viele *Geschenke* haben wir als Kind bekommen, weil die Erwachsenen hilflos waren, nicht
wussten, wie sie uns *trösten* sollten. Geschenke
als *Anreiz,* mehr Leistung zu bringen, als Be-
lohnung, um uns anzuspornen. Oder um uns zu
bestechen.

Wenn du brav bist, dann bekommst du ... Und wie oft haben wir ein Geschenk, das uns wirklich am Herzen gelegen hätte, eben nicht bekommen?

Wenn wir uns der Sprache der Geschenke widmen wollen, müssen wir auf unser inneres Kind schauen. Denn Kinder schenken völlig unbekümmert. Das selbst gemalte Bild. Die am Wegesrand gepflückten Blumen. Den im Sandkasten selbst gebackenen Kuchen. Aber nur, wenn sie wollen. Wie oft wurdest du als Kind aufgefordert, etwas gegen deinen Willen herzugeben? Gib der Tante ein Küsschen. Schenk dem Opa ein Bild. Und so weiter. Wie schade, oder?

Dabei ist das ganze Leben ein Geschenk.

Und die einzige Antwort auf ein Geschenk ist Dankbarkeit. Schärfen wir also zunächst unser Bewusstsein für Geschenke des Lebens an uns. Warum? Damit wir lernen, Liebe in Form von Fülle überhaupt wieder wahrzunehmen. Unser Gehirn ist so sehr damit beschäftigt, Mangel zu erkennen, weil es uns am Leben halten will, dass wir Fülle oft gar nicht als solche wahrnehmen. Schaue dich also bitte heute in deinem Leben um, und mache dir eine Liste, zunächst nur für dich.

Übung

Was mir das Leben geschenkt hat:

einen gesunden Körper
einen wachen Geist

viele Fähigkeiten, die mir erlauben, einen schönen Beruf auszuüben
den Baum vor meiner Haustür
ein Haustier, das mich begleitet
gute Freunde

Und so weiter. Natürlich hat dir das Leben auch vieles genommen oder vorenthalten. Und natürlich findest du immer einen, der mehr von dem hat, was du so gerne hättest. Unzufriedenheit ist eine wirklich schlechte Angewohnheit und taugt als spirituelle Grundlage für ein glückliches Leben nicht viel. Konzentrieren wir uns heute bitte auf die Geschenke des Lebens, auch wenn das nur die eine Seite ist. Ich sehe deinen Schmerz über das, was das Leben dir genommen und vorenthalten hat, und du hast mein volles Mitgefühl.

Nun schaue bitte auf deine Beziehung, und schreibe auf, welches Geschenk dir das Leben mit diesem Partner macht.

Wir unternehmen viel zusammen.
Wir haben ein Kind zusammen.
Er hält mich, wenn ich mich einsam fühle.
Er versteht mich.
Bei ihm kann ich sein, wie ich bin.
Gemeinsam erreichen wir mehr als jeder für sich.
Wir haben eine schöne Wohnung oder ein Haus zusammen.

Verstehst du? Auch ohne dass er etwas tut, ist er bereits ein Geschenk des Lebens an dich. Natürlich gibt es auch hier eine Liste von Enttäuschungen und Verlusten, die du im Schlaf dahersagen kannst. Aber ihr seid immer noch hier. Dein Partner ist immer noch derjenige, den du morgens zum Abschied küsst und dem du als Letztes Gute Nacht sagst. Also schaue auf das, was gut ist, denn das ist es, was euch trägt und beieinanderhält. Verstärken wir es.

Übung

Wenn dein Partner die Sprache der Geschenke spricht, du aber wenig damit anfangen kannst, dann probiere Folgendes: Nimm den Gegenstand, den er dir hat zukommen lassen, in die Hand. Schließe deine Augen. Und nun lass die Liebe, die dir dein Partner durch dieses Geschenk vermitteln wollte, durch die Hand in dein Herz einströmen. Nimm sie an.
Und dann sage ihm aus ganzem Herzen Danke.

Eine sehr schöne Idee habe ich in einem Buch über Feng-Shui gelesen: Wenn du aufräumen und ausmisten willst, dann mache ein Foto von all den Geschenken, die du zwar in der Erinnerung, aber nicht mehr gegenständlich behalten willst. Ich gehe einen Schritt weiter: Bastle dir ein »Fotoalbum der Liebe«, und klebe die Bilder hinein, schreibe dazu, was dir diese Geschenke bedeuten, und sende deinen Dank hinein.

Die Sprache der Herzensgaben ist die am leichtesten zu erlernende, sagt der Urheber der Theorie der fünf Sprachen. Gerade deshalb aber passiert es so oft, dass wir nachlässig werden. Natürlich könnten wir unserem Partner ab und zu etwas schenken. Aber es ist mühsam, es kostet Geld, und er weiß doch sowieso, dass wir ihn lieben, oder? Sprichst du die Sprache der Geschenke, dann hat dein Partner vielleicht einmal zu oft achtlos genickt, »schön« gesagt und deine Gabe zur Seite gestellt. »Was soll ich denn damit?« ist so ein Killersatz und auch »Das wär' doch nicht nötig gewesen.« Also lässt du es.

Achtsamkeit geht anders.

Das größte Geschenk, das ihr euch machen könnt, ist Anwesenheit und eure Zeit. Alle vorherigen Sprachen kannst du auch als Geschenk sehen. Ihr schenkt euch Zweisamkeit, Zärtlichkeit, Lob und Anerkennung, Hilfeleistungen.

Zu schenken bedeutet einfach, etwas zu tun, um den anderen *zu nähren*, um seine Lebensfreude zu erhöhen, um ihm ein Gefühl von *Fülle* zu geben.

Egal, ob es sich dabei um einen Gegenstand handelt, um einen Dienst oder um eine Information, für den Schenkenden ist es ein Ausdruck seiner Liebe zu dir.

Übung

Nehmt euch zwanzig Minuten Zeit, und setzt euch gemeinsam an einen Tisch. Ihr braucht Zettel und einen
Stift. Nun erzählt euch gegenseitig, welche Geschenke
ihr euch voneinander wünscht, und schreibt das auf.
»Geh doch mal wieder mit mir essen«, sagst du womöglich, oder: »Ich wünsche mir mal wieder eine Liebes-
nacht mit dir.«
»Bring doch diesen leckeren Käse mit, wenn du das
nächste Mal in die Stadt gehst«, bittet dich dein Partner,
und: »Ich würde mich so freuen, wenn du mir morgens
einen Kaffee ans Bett bringst und noch ein paar Minuten mit mir im Bett bleibst.«
Es gibt einen Unterschied zwischen Forderungen, also
Aufträgen, und Geschenken. Diese Liste will und soll
ein Wunschzettel sein. Schon allein die Zeit, in der ihr
eure Bitten formuliert, ist ein großes Geschenk aneinander. Ihr öffnet euch, gebt euch gegenseitig eine Chance,
ihr nährt eure Beziehung und zeigt dem anderen, auf
welche Weise ihr selbst genährt werden wollt.
Macht euch das Geschenk, eure Scham zu überwinden.
Es könnte peinlich sein, zu gestehen, worüber du dich
freuen würdest. Besonders wenn dein inneres Kind an
einer Stelle im Mangel lebt, könntest du dich in einer
gewissen Kargheit eingerichtet haben. Genügsamkeit
ist eine wundervolle Tugend, und hier geht es nicht
darum, Massen von Geld für Unsinn auszugeben, der
produziert und letztlich auch irgendwann wieder ent-

sorgt werden muss. Ihr könnt euch ökologisch gesehen durchaus sehr vernünftige und dennoch romantische Geschenke machen. Oder wann hast du deiner Liebsten zum letzen Mal einen Liebesbrief geschrieben? Ihr etwas besonders Leckeres gekocht? Ihn den Film sehen lassen, den er sehen wollte?

Es könnte sein, dass dir dein Partner ständig Geschenke macht – aber die falschen. Sei bitte ganz ehrlich, und sage ihm, dass du dir in Wahrheit etwas anderes wünschst als noch ein Schmuckstück. Nämlich Zeit mit ihm. Einen Hund. Ein Kind. Ein gemeinsames Wochenende oder einen Abend in der Oper. Ein Geschenk darf kein Ersatz für etwas anderes sein, kein Trostpreis. Sonst ist es kein Geschenk, sondern ein Ablenkungsmanöver. Genügsamkeit ist sehr klug, wenn sie echt ist. Hast du dich aber im Mangel eingerichtet, weil die Fülle des Lebens sowieso nicht für dich da ist, dann verpasst du ein großes Stück Lebensfreude.

Dein Partner schenkt dir jede Menge, aber du weißt genau, ihr könnt es euch gar nicht leisten? Frage dich selbst, worüber du dich wirklich freuen würdest. Wenn dein Partner gern schenkt, dann schenkt er dir auch, besser auf seine Ausgaben zu achten. Dann schenkt er dir, sich um seine Buchhaltung zu kümmern, und er schenkt dir, sich einen Job zu suchen, der euch beide besser ernährt. Er schenkt dir, dich einmal am Tag anzurufen, wenn du seine Nähe vermisst, oder die Kinder abzuholen.

Die Sprache der Geschenke ist deshalb die einfachste, weil du jede andere darin unterbringst. Denn wenn du deinen Partner um etwas bittest, hat er die Chance, dir ein Geschenk zu machen. Sei es eine Hilfeleistung, Zweisamkeit oder was auch immer.

So schreibt diese Wunschliste, und macht euch nötigenfalls auch ein wenig Mühe, euch diese Wünsche gegenseitig zu erfüllen.

Was aber, wenn du der oder die Schenkende bist und dein Partner nimmt die Geschenke gar nicht als solche wahr? Dann frage ihn bitte, worüber er sich freuen würde. Sage ihm, dass du ihm gern etwas schenken willst, einfach weil das dein Ausdruck von Liebe ist, und bitte ihn, dir einen Hinweis zu geben. Wenn dein Partner versteht, dass es dir wirklich ein Bedürfnis ist, ihm ein Geschenk zu machen, dann nimmt er es sicher auch gern an.

Geschenke in der Selbstliebe

Als Kind liebtest du Geschenke, da bin ich ganz sicher. Du hast dem Weihnachtsmann einen Wunschzettel geschrieben und daran geglaubt, dass er dir deine Wünsche erfüllt. Es gab bestimmt auch einen Wunschzettel zum Geburtstag. Das tun Kinder. Sie glauben, sie hätten magische Kräfte und es gäbe eine magische Welt. Kinder glauben daran, dass sich ihre Wünsche erfüllen, und können sich gar nicht vorstellen, dass das womöglich ein Irrtum sein könnte. Sie vertrauen darauf, dass sie so sehr geliebt werden, dass sie alles, was sie sich wünschen, auch bekommen. Nun, wir wissen es unterdessen besser. Wie viele Wünsche an Gott blieben unerfüllt und ohne Antwort? Und wie grausam kann man sein, einem Kind zu erzählen, wenn es brav sei, erfülle der Weihnachtsmann seine Wünsche – und es dann doch unerfüllt zurückzulassen? Wir wissen, dass die Nichterfüllung von Wünschen in der Regel absolut nichts mit der Bravheit des Kindes und schon gar nicht mit der Liebe, die wir zu unseren Kindern empfinden, zu tun hat. Sondern mit Vernunft, unserem Geldbeutel und einem ökologischen Gewissen. Kinder aber wissen das nicht, auch dann nicht, wenn man es ihnen erklärt. Und so gab es sicher auch in deinem Leben ein wichtiges Geschenk, das dir vorenthalten wurde. Ein Geschenk, das dir gezeigt hätte: Ich werde geliebt. Ich werde ernst genommen. Ich werde gesehen.

Bei mir war es ein Hund. Ein Spitz. Ich kann mehr als verstehen, dass mir meine Eltern keinen Hund gekauft haben. Wir lebten sowieso mit Schäferhunden, und dann hätten meine Geschwister ebenfalls Hunde gewollt – ja. Das stimmt alles. Mein inneres Kind aber will immer noch diesen Hund, und ich spüre noch immer diese Enttäuschung und den Schmerz. Ich war ziemlich einsam als Kind, und dieser Hund hätte … nun ja. Das kennst du. Jeder kennt das.

Komm drüber weg, hörst du üblicherweise, und das ist ein guter Rat. Aber es gibt noch einen besseren.

Übung: Reise in den Zaubergarten des inneren Kindes

Mache es dir bequem, schließe deine Augen. Stelle dir bitte ein Tor vor, das du durchschreitest. Das Tor führt dich in eine Landschaft, die gerade jetzt vor deinem inneren Auge entsteht und in der du dich sehr wohlfühlst. Du gehst ein wenig spazieren, die Natur ist wundervoll. Auf einmal entdeckst du ein großes, weißes Tor, es ist geschlossen. Links und rechts des Tores erstreckt sich eine hohe Bruchsteinmauer. Sie ist mit Rosen überrankt, sodass niemand hinüberklettern kann. Dennoch scheint dir die Mauer nicht bedrohlich, eher so, als hüte sie ein Geheimnis. Vor dem weißen Tor steht ein Wächter, bemerkst du, denn jetzt bewegt er sich.

Er schaut dich an und scheint dich zu erkennen, denn er tritt zur Seite. Das Tor öffnet sich weit – und du trittst in einen so wunderschönen Garten ein, wie du noch keinen gesehen hast. Hinter dir schließt sich das Tor, doch statt dich beengt zu fühlen, spürst du unendliche Sicherheit und Weite. Der Garten öffnet sich zu einem Park. Ein riesiger, heller Engel schwebt auf dich zu, du kannst es kaum glauben. »Ich hüte diesen Zaubergarten«, sagt dir der Engel, »willkommen am sicheren Ort für dein inneres Kind.« Du entspannst dich tief. Wenn es einen solchen sicheren Ort gibt, dann weißt du dein inneres Kind in besten Händen.

»Es wird Zeit für ein bisschen Heilung«, sagt der Engel und lässt ein wenig Kraft in dich einfließen. Sofort fühlst du dich besser. »Bist du bereit?«, fragt er dich, und du nickst. Du beginnst zu träumen. Auf einmal entsteht vor deinem inneren Auge eine Situation, ein Weihnachten, ein Geburtstag oder ein ganz normaler Tag, an dem du dir sehr innig und sehnlich etwas ganz Bestimmtes gewünscht hast. Ein Geschenk. Gesundheit für deine Familie, Frieden und Harmonie. Ein Haustier oder auch einfach eine Puppe oder eine Eisenbahn. Für ein Kind sind Herzenswünsche gleichwertig, es unterscheidet nicht zwischen materiellen und immateriellen Wünschen. Du siehst dich also als Kind – unbeschenkt und enttäuscht. Warum auch immer du dieses Geschenk nicht erhalten hast, auf einmal spürst du, wie der Engel zu dem Kind von damals schwebt und es sanft auf seine Arme nimmt. Er holt es aus der Situation heraus und bringt es in den Zaubergarten, zu dir. Nun steht es vor dir, dieses enttäuschte Kind. Egal, ob dir sein Schmerz bewusst ist oder nicht, du kannst ihn jetzt ganz deutlich erkennen. Nimm das Kind in die Arme, und halte es. Sage ihm: »Ich sehe dich, ich höre dich, und ich nehme dich wahr.«

Das Kind entspannt sich, und der Engel berührt es sanft mit seinen Flügeln. Plötzlich erscheint wie aus dem Nichts ein bunt verpacktes Geschenk, es glitzert und funkelt. »Das ist für dich«, sagt der Engel und gibt dem Kind dieses Geschenk.

Dein inneres Kind nimmt es und beginnt, es zu öffnen. Und jetzt geschieht ein Wunder. Du spürst, wie alle Energie, die du seit dem Tag der Enttäuschung bewusst oder unbewusst vermisst hast, die Liebe, die Geborgenheit und das Gefühl, wertvoll zu sein, auf einmal in dich einströmen. Das Kind öffnet das Geschenk, und jetzt durchfährt dich pure Freude – in einer Schachtel findet dein inneres Kind genau das, was es sich schon so lange sehnlichst gewünscht hat. Die Kraft des Geschenkes fließt in das Kind ein, egal, ob es ein materielles oder immaterielles Geschenk ist. Energie erfüllt das Kind, gibt dem Kind Sicherheit, Vertrauen und das Gefühl, geliebt und gesehen zu werden.

Du nimmst das Kind in die Arme und freust dich mit ihm. Versprich ihm, von nun an all seine Wünsche zu erfüllen, soweit es in deiner Macht steht. Und fange sofort damit an.

Denn wenn du nun wieder deine Augen öffnest, bitte ich dich, gleich aufzuschreiben, welchen tiefen Wunsch dein inneres Kind hatte. Ist es ein materieller Wunsch, dann gehe einkaufen. Kaufe deinem inneren Kind bitte, was es damals haben wollte, wenn das in deiner Macht steht. Es ist nie zu spät für Herzensgeschenke und die Erfüllung von Herzenswünschen.

Von nun an sei dir selbst gegenüber bitte großzügig. Schenke dir das, was du dir wünschst. Dazu gehört auch Zeit für dich, ein Spaziergang, ein Treffen mit Freunden, eine Auszeit. Glücklicher machen Geschenke übrigens, wenn sie in kürzeren Abständen kommen, auch wenn sie dadurch kleiner ausfallen. Das Glückshormon Serotonin wird auf diese Weise öfter ausgeschüttet, und der Hormonspiegel bleibt insgesamt höher. Größere Geschenke bewirken keinen höheren Serotoninanstieg als kleinere – wenn sie passen und dich wahrhaft erfreuen. Kaufst du Weihnachtsgeschenke für deine Lieben, dann schenke von nun an bitte auch deinem inneren Kind eine Kleinigkeit.

Die dunkle Seite der Herzensgeschenke

Wenn du die Liebe deines Partners am Preis seiner Geschenke misst, wenn du dich umso wertvoller fühlst, je mehr er sich für dich in Schulden stürzt, wenn du dich nur dann geliebt fühlst, weil du ihm »etwas wert« bist, dann stimmt etwas nicht. Bist du geizig, schenkst du deinem Partner nichts, weil du das Geld lieber sparst, erkaufst du dir mit Geschenken Aufmerksamkeit oder gar Liebe, dann bist du auf die dunkle Seite der Herzensgeschenke hereingefallen. Das kann absurde Ausmaße annehmen. Eine Klientin klagte, sie würde immer Männer anziehen, die chronisch pleite wären. Sie unterstützte sie, gab ihnen Geld, half ihnen auf die Beine. Sie kam in die Praxis, weil sie ihren eigenen Worten nach das Gefühl hatte, sich wie eine Sexsüchtige oder ein weiblicher Freier zu benehmen. Sie finanzierte ihren momentanen Liebsten, damit sie Liebe und ab und zu Sex bekam. Sie finanzierte ihn vor allem deshalb, weil ihn seine Geldsorgen beinah impotent gemacht hatten. Mit der finanziellen Zuwendung, so hoffte sie, würde er sich leichter fühlen, weniger Sorgen haben und damit auch wieder mit ihr schlafen können. Soweit wäre das kein Problem gewesen. Wenn man sich damit gut fühlst und erkennt, der Partner tut das Seine, ruht sich nicht auf der Großzügigkeit des anderen aus. Meine Klientin aber spürte, dass sie letztlich für den Sex mit ihm bezahlte, und das Muster kannte sie schon Sie stellte ihn vor die Wahl: »Entweder ich finanziere dich weiter«, sagte sie, »bin wie eine gute Freundin für dich da und unterstütze dich, oder wir führen unsere sexuelle Beziehung fort.« Er hatte gerade eine für seinen weiteren Weg auch in finanzieller Hinsicht äußerst wichtige Ausbildung begonnen, und es würde ihm sehr schwerfallen, auf ihre finanzielle Unterstützung zu verzichten, das wusste sie. So rechnete sie damit, ihn als Geliebten zu verlieren, war aber bereit, weil sie ihn wirklich liebte, weiterhin für ihn da zu sein. Sie musste diese Energien so deutlich trennen, damit sie das Gefühl verlor, für Sex zu zahlen, und sie überließ ihm die Entscheidung. (Was in diesem Fall auch richtig war, selbst wenn das merkwürdig klingt, es war sehr stimmig.)

Nun, er entschied, weiterhin mit ihr zu schlafen, weil sie ihm als Frau wesentlich mehr bedeutete denn als Geldgeberin. Es hätte auch anders kommen können, und sie wäre einverstanden gewesen, ihn weiterhin zu unterstützen, bis er auf eigenen Beinen stehen konnte. So coabhängig das klingen mag, für meine Klientin war es genau richtig. Den Mut zu finden, den geliebten Mann vor diese Entscheidung zu stellen und die unselige Allianz von Geld und Sex in ihrem Leben zu trennen, war der Wendepunkt im Leben meiner Klientin. Die beiden sind noch immer zusammen, soweit ich weiß, haben sie wundervollen Sex, und er finanziert sich nicht nur selbst, sondern macht ihr auch liebevolle Geschenke.

Was will ich damit sagen?

Wenn du bemerkst, dass du dir *Zuneigung erkaufst* oder dass du dich bezahlen lässt, höre sofort auf damit! Was immer es dich auch kostet.

Es ist für alle Beteiligten äußerst Energie raubend, wenn du dir Liebe mit Geschenken erkaufst oder dich für Liebe bezahlen lässt. Denn du bestätigst dir damit nur deine Überzeugung: »Ich bin nicht liebenswert. Ich brauche Beweise für die Liebe des anderen in Form von überteuerten Geschenken, oder ich muss selbst noch einen drauflegen, um Liebe zu bekommen.« Gerade deshalb, weil du diesen Schmerz in dir trägst, kommt die dunkle Seite oft so getarnt daher, dass sie kaum auffällt. Denn immer dann, wenn du glaubst, du seiest es sowieso nicht wert, nur um deiner selbst willen geliebt zu werden, ist die Gefahr groß, dass du den anderen durch Zuwendungen zu binden versuchst. Das gilt natürlich für jede Sprache der Liebe, aber die der Geschenke ist dafür besonders anfällig. Überprüfe also bitte sehr sorgfältig, warum du dem anderen etwas schenkst. Gibst du ihm etwas aus reinem Herzen, oder willst du etwas zurückhaben? Das kannst du leicht testen.

Auch die folgende Übung kannst du für alle Sprachen der Liebe anwenden.

Übung

Stelle dir vor, aus deinem Bauch kommen Energiefäden, links und rechts des Bauchnabels strömen sie aus
dir heraus. Nun denke bitte an das Geschenk, welches
du deinem Partner machen willst, oder an das, welches
du dir von ihm wünschst. Die Energiefäden nehmen
nun deine wahre Absicht auf und spiegeln sie dir. Nun
lass diese Energiefäden noch weiter wachsen, und spüre
jetzt, wie sie sich anfühlen. Strömt lichtvolle, reine Liebe
durch sie nach außen, oder fühlst du sie eher saugend
und ziehend? Um das zu üben, kannst du an eine Situation denken, in der du sehr bewusst Energie vom anderen haben wolltest – wie fühlen sich die Fäden an? Sicherlich spürst du sie ähnlich wie Saugnäpfe. Und dann
denke an eine Situation, in der du wirklich nur geben
wolltest. Jetzt fühlst du eher zwei sprudelnde Quellen
aus dir herausströmen. Du spürst den Unterschied jetzt
sicher ganz deutlich. Mit dieser Übung kannst du deine wahre Absicht überprüfen und, wenn nötig, Abstand
von deinen Plänen nehmen.

Eine weitere sehr angemessene Übung ist die folgende:

Übung

Sage deinem Partner jeden Abend Danke, weil er in deinem Leben ist. Und dem Leben selbst dankst du, weil dieser Partner auch heute gesund und lebendig an deiner Seite ist, wenn das stimmt.

Das ist, wie wir alle wissen, nicht selbstverständlich und genügt durchaus, um dankbar zu sein.

Über eine Sache müssen wir in Bezug auf Geschenke sprechen: über Geiz. Geiz ist nicht geil. Wenn du einen geizigen Partner hast, der sich selbst wahrscheinlich sparsam und vernünftig nennt, dann ist es wichtig, dass du dein inneres Kind von ihm fernhältst. Woran erkennst du Geiz? Du fühlst ihn. Wenn du dich selbst überprüft und sichergestellt hast, dass du Geschenke nicht zur Aufwertung deines Selbstwertgefühls brauchst, dann spürst du Geiz anhand eines Schmerzes im Herzen. Etwas in dir wird eng, entweder weil du selbst geizig bist, oder weil der Geiz des Partners erkennbar ist. Geiz entsteht immer durch Angst vor oder tatsächlich erlebten Mangel. Entweder befürchtet der Geizige, dass für ihn nicht genug übrig bleibt, weil er Mangel kennt, oder er ist es so sehr gewöhnt, über seine Grenzen hinweg ausgenutzt zu werden und geben zu müssen, dass er irgendwann begonnen hat, sich komplett zu verweigern. Gerade wenn du dazu neigst, viel zu viel zu geben, und nicht gut Nein sagen kannst, kann Geiz eine verständliche Schutzreaktion sein. Geiz hat nichts mit vernünftigem

Haushalten zu tun, sondern ist ein Schmerz vermeidendes Verhaltensmuster. Wenn du dich erkennst, im Geizigen oder im Partner eines Geizigen, dann ist es ganz besonders wichtig, dass du gut für dein inneres Kind sorgst. Nutze bitte die Zaubergarten-Meditation, damit dein inneres Kind bekommt, was es braucht.

Übung

Bitte schenke deiner Partnerin oder deinem Partner heute ausdrücklich etwas, das über dem finanziellen oder auch energetischen Limit liegt, das du dir normalerweise setzt. Vernünftige Grenzen sind vorausgesetzt, das ist ja klar. Sieh dein Geschenk bitte als eine echte Investition in deine Liebe, in dich selbst, in das, was du in deinem Leben nähren willst. Dein Geschenk ist Nahrung für den anderen, Nahrung für eure Liebe und Nahrung für das, was dich wiederum selbst nährt. Massiere ihn fünf Minuten länger, als du das üblicherweise tust. Kaufe drei Blumen mehr. Sage einmal öfter, dass du den anderen liebst und dich freust, dass er in deinem Leben ist. Übe dich in Großzügigkeit. Gleichzeitig kümmere dich bitte um deine eventuelle Coabhängigkeit: die Unfähigkeit, Nein zu sagen, die Sucht, über die eigenen Grenzen zu gehen, um dem anderen zu gefallen und um geliebt zu werden.*

* siehe dazu: Susanne Hühn: Ich lasse deines bei dir, Schirner Verlag, Darmstadt 2012

Die Sprache der Liebe und das innere Kind

Jede dieser Arten, Liebe zu zeigen, nährt das Energiefeld an einer anderen Stelle, das hast du jetzt gespürt. Je offener du für jede der Sprachen bist, je leichter es dir fällt, all diese Energien zu verkörpern und zu verströmen, aber auch anzunehmen, desto reicher wirst du.

Und doch fühlen sich einige dieser Sprachen für dich ehrlicher an, echter als andere, stimmt das nicht? Lob kannst du nicht annehmen, weil du dich manipuliert fühlst? Nun, durch Lob und Anerkennung zu manipulieren ist eine gängige Technik, da hast du völlig recht. Jemanden zu helfen, um selbst Hilfe zu bekommen oder um sich unentbehrlich zu machen, Zweisamkeit zu nutzen, um dem anderen Energie abzuziehen, durch Geschenke zu bestechen oder durch Zärtlichkeit zu verführen – die Sprachen der Liebe dienen auch der Angst und dem Mangel.

Du weißt also, wie anfällig diese Energien sind, wie leicht man sie nutzen kann, um zu manipulieren und um anderen Energie abzuziehen. Womöglich misstraust du bestimmten Ausdrucksformen der Liebe gar. Das ist dann besonders fatal, wenn dein Partner eine Sprache spricht, mit der du nichts anfangen kannst. Damit wir wirklich frei werden, Liebe fließen zu lassen und anzunehmen, müssen wir uns anschauen, auf welche Weise wir es selbst verhindern.

Dazu müssen wir, so leid es mir auch tut, zunächst in den dunklen Spiegel sehen.

Sind wir selbst tatsächlich frei, den anderen zu lieben, ohne eine energetische Gegenleistung zu verlangen? »Gib deinem Partner, was er braucht, dann wird er es dir in einigen Tagen oder Wochen zurückgeben!«, rät der Urheber der Theorie der fünf Liebessprachen sinngemäß – fühlt sich das gut an? Nur bedingt, oder? Denn wie frei ist unsere Liebe, wenn wir damit erreichen wollen, dass wir selbst genährt werden? Wir wissen, dass wir das, was wir aussenden, zurückbekommen. Nun, wenn wir Liebe aussenden, damit wir Liebe zurückbekommen, was erhalten wir dann? Sicher nicht, was wir uns wünschen, oder? Denn bedingungslos zu lieben geht anders. Also – was tun wir?

Schauen wir uns unseren eigenen Mangel an. Wenn wir in der Liebe Mangel erleiden, dann oft genug nur, um uns auf unseren bereits erlebten Mangel aufmerksam zu machen.

Wenn du einen Partner angezogen hast, der dir nicht gibt, was du brauchst, wenn du also immer wieder einen Schmerz erlebst, dann bietet dir das Leben eine wunderbare Chance zu wachsen. Das kannst du nicht mehr hören? Das verstehe ich. Ich auch nicht. Wachstum durch Schmerz ist überholt. Wir wissen unterdessen, dass wir auch durch Freude wachsen können. Erleben wir in unserem Leben also Schmerz, dann hängen wir noch in einer alten Struktur fest. Müssen wir sie uns noch einmal anschauen? Brauchen wir eine Zeitreise, um zu erkennen, ob du den Mangel, der damals herrschte, noch immer mit dir herumträgst, ob dieser Mangel also immer wieder aktiviert wird? Denn du hast dir deinen Partner nicht zufällig ausgesucht, das wissen wir. Das, was du mit ihm erlebst, ist immer das, was geheilt werden will. Es kann sein, dass du das nicht hören willst oder auch nicht mehr hören kannst. Es ergibt aber sehr viel Sinn, zuerst dein eigenes Energiefeld aufzuräumen, damit du in deinem Leben andere Resonanzen erzeugst, das weißt du unterdessen längst.

Wenn es dir wichtig erscheint, zurück an den Punkt zu reisen, an dem du verletzt wurdest, an den Punkt, an dem du nicht bekommen hast, was du brauchtest, dann nutze gern die nachfolgende Meditation. Wenn du aber. aus welchen Gründen auch immer. ein abwehrendes Gefühl hast, dann ist es womöglich nicht mehr stimmig, noch einmal zurückzuschauen. Wir leben in der neuen Energie. Wir lernen durch Freude statt durch Schmerz. Es kann sinnvoll sein, sich den Schmerz anzuschauen und eine neue Erfahrung zu machen, das biete ich dir hier gern an. Es kann aber auch sinnvoll sein, den Schmerz endgültig hinter sich zu lassen und das Potenzial zu aktivieren. Ich überlasse es dir. Beides ist richtig und wichtig, je nachdem, wo du stehst und worauf es dir ankommt. Überblättere also bitte die nachfolgende Meditation, wenn du dein inneres Kind kennst und in der Lage bist, gut für es zu sorgen.

Meditation: Innere Reise zum inneren Kind

Mache es dir bitte bequem, vielleicht willst du dir diese Reise vorlesen lassen, oder du kannst dir beim Lesen die Bilder vorstellen.

Gehe in deiner Vorstellung durch ein Tor, ein Tor, das dich in eine andere Welt führt – in deine Innenwelt. Es ist so wichtig, sich die äußere Welt für eine Weile ohne dich drehen zu lassen, damit du nach innen schauen und dich selbst erkennen und abholen kannst. Es gibt nichts mehr zu tun, sei mit allem, was ist, einfach bei dir, und begleite dich. Du findest hinter dem Tor eine zauberhafte Landschaft, und du gehst ein wenig spazieren. In einiger Entfernung bemerkst du eine Brücke. Diese Brücke führt dich zurück in die Situation, in die Begebenheit, in der du deine Sprache der Liebe verloren hast oder in der du Mangel erlebtest, den Mangel, der dir auch heute noch zu schaffen macht. Du gehst mutig auf die Brücke zu und spürst plötzlich ein Wesen neben dir – du schaust zur Seite und stellst fest, dass dich ein Tier begleitet. Welches Tier auch immer es ist, erlaube ihm, dir auf die Brücke zu folgen. Es ist das Krafttier des inneren Kindes. Du gehst also auf die Brücke – und bleibst auf dem höchsten Punkt stehen. Vor deinem inneren Auge erscheint wie durch Zauberei eine Szene aus deiner Kindheit. Womöglich ist es eine dir sehr bekannte Erinnerung, vielleicht auch nicht. Vielleicht glaubst du nicht einmal, dass du das, was du siehst, tatsächlich erlebt hast – es spielt keine Rolle. Hier geht es nur um das, was das Kind fühlt. Schaue dir also an, was du siehst.

In welcher Situation befindet sich dein inneres Kind?
Wo ist es, wie fühlt es sich?
Auf welche Weise will es Liebe geben, oder wie wird sie ihm vorenthalten?
Oder nicht wahrgenommen?
Wird es manipuliert?

Lass dir Zeit, auch wenn es wehtut, genau zu erkennen, wie dein inneres Kind liebt, wie es Liebe zeigt oder auf welche Weise es Mangel erfährt. Erlaube dir, es zu fühlen, auch wenn du die Sprache der Liebe noch nicht erkennen kannst. Erlaube dir, zu fühlen, was das Kind fühlt – die Einsamkeit, den Schmerz, das Abgeschnittensein oder was immer es auch sein mag. Ist es nicht gehört worden? Hat es Gewalt erfahren und ist nicht beschützt worden? Nun gehe bitte als der erwachsene Mensch, der du jetzt bist, in diese Situation hinein, ganz so, als wärst du damals auch als Erwachsener anwesend gewesen. Und nun gib deinem inneren Kind, was es braucht. Halte es, tröste es, höre ihm zu, hilf ihm, lobe es, schenke ihm, was es sich so sehr wünscht – was immer nötig ist, damit sich das innere Kind geliebt fühlt, tue es. Beschütze das innere Kind, und hole es aus dieser Situation heraus, so, wie du es für ein geliebtes Kind in Not tun würdest. Nimm es in den Arm, sage ihm, dass du von nun an für das Kind da bist.

Und dann nimm das innere Kind mit dir, stelle dir vor, du bringst es an einen wundervollen Ort in deinem Herzen, einen Ort, an dem es sich sicher und geborgen fühlt, einen Zaubergarten oder ein märchenhaftes Spielzimmer. Hier gibt es alles, was sich das innere Kind wünscht, und es ist auch dann sicher und geschützt, wenn du im Außen funktionieren willst und musst. Wann immer dein inneres Kind in Not ist, nutze diese Meditation. Gehe über die Brücke, schaue dir an, welcher Schmerz berührt und aktiviert wird, und hole dein inneres Kind aus der Situation heraus, und bringe es an einen sicheren Ort.

Komme dann in deiner Zeit wieder zurück in den Raum, in dem du dich befindest.

Ich möchte dir eine weitere Reise anbieten, eine heilende Reise für das innere Kind, eine Reise, die es auf jede Weise nährt und berührt. Ich habe diese Reise vor einiger Zeit für Kinder geschrieben, aber sie erscheint mir an dieser Stelle für das innere Kind sehr hilfreich zu sein, und ich möchte sie dir nicht vorenthalten. Stelle dir also bitte vor, nicht du, der Erwachsene, führt diese Meditation durch, sondern dein inneres Kind, du im Alter von etwa sechs bis zehn Jahren erlebst die nachfolgenden inneren Bilder. Das Wasser in dieser Reise steht symbolisch für das Reich der Gefühle, und die Meerjungfrauen sind die Wesen, die sich am besten mit Gefühlen auskennen. So rufe dein inneres Kind, und lies ihm diese Meditation vor, oder lass sie dir vorlesen – lass dich auf allen Ebenen nähren und berühren. Weil diese Meditation ausdrücklich für das innere Kind gedacht ist, klingt auch die Sprache ein wenig anders: einfacher und direkter.

Innere Reise: Meerjungfrauenmeditation für das innere Kind

Lege dich hin, mache deine Augen zu, und stelle dir vor, du bist an einem wunderschönen Strand am Meer. Du stehst am Wasser und schaust auf die Wellen. Auf einmal taucht eine Gestalt aus dem Wasser auf. Du siehst ihren Kopf und ihre Arme. Sie winkt dir zu und sagt: »Komm mit, hier unten bei uns gibt es einen wundervollen Ort, und wir laden dich ein, mit uns zu kommen!« Du weißt, dass du mitkommen darfst, denn das ist deine eigene innere Reise. Hier darfst du alles, was du willst, auch tun. Du ziehst dich aus und legst deine Kleidung auf den Boden. Du tauchst einen Fuß in das Wasser, es ist angenehm warm, gerade so, wie es für dich und deinen Körper ideal ist. Du gehst weiter, fühlst dich vollkommen sicher, der Boden trägt dich, und deine Füße berühren weichen Sand. Die Gestalt kommt nun ganz nah, und du schaust ihr in die Augen. Es ist eine zauberhafte Meerjungfrau mit ganz langen Haaren und einem lieblichen Gesicht. »Komm mit«, sagt sie leise, »wir haben schon auf dich gewartet und freuen uns so sehr, dass du uns besuchen möchtest!« Sie nimmt dich an der Hand, und auf einmal geschieht ein Wunder: Du verwandelst dich. Statt deiner Beine hast du auf einmal einen schillernden Fischschwanz, der sehr stark ist. Es kommt dir gar nicht komisch vor, es fühlt sich an, als wärst du schon immer eine Seejungfrau gewesen. Du tauchst unter, und wie durch ein Wunder kannst du blitzschnell schwimmen, unter Wasser atmen und alles ganz deutlich sehen. Du spürst förmlich die Auf- und Abbewegungen deines Schwanzes, sogar während du hier liegst. Die Meerjungfrau lacht und zwinkert dir zu. Sie schwimmt voraus, du folgst ihr. Bunte Fische kommen auf dich zu und begrüßen dich, stupsen dich mit ihren Mäulern an, einer knabbert sogar ein wenig an dir. Das kitzelt, und du musst lachen. Und sogar das geht unter Wasser. Die Meerjungfrau wartet auf dich, sie freut sich sehr, dass du dich so wohlfühlst. Alles, was dich bedrückt, fällt von dir ab, du bist ganz leicht und frei und schwimmst wie ein Pfeil durch das Wasser. Du schwimmst durch Pflanzen hindurch, die dich am ganzen Körper sanft streicheln, und bist so sicher und frei wie noch nie zuvor in deinem Leben. Nun kommen auch andere Meerjungfrauen auf dich zu, große und kleine. Eine umarmt dich sogar, und das fühlt sich gut an. Sie sagt dir, dass sie schon lange auf dich wartet und es gar nicht erwarten konnte, endlich mit dir schwimmen zu dürfen. Auf einmal bemerkst du eine Höhle. Aus dieser Höhle schimmert ein wundervolles Licht. Die Meerjungfrauen schwimmen auf diese Höhle zu und du mit ihnen, du bist völlig sicher. Ihr schwimmt durch den Eingang in die Höhle hinein, auch sie ist voller Wasser, aber du bist ja eine Meerjungfrau und kannst unter Wasser atmen, sehen und sprechen. Überall an den Wänden und an der Decke siehst du leuchtende Seesterne in den schönsten Farben, und es kommt dir vor, als lägest du unter dem hellsten Sternenhimmel, den du dir nur vorstellen kannst. Es sind ganz besondere, magische Seesterne, sie schimmern und haben ihr ganz eigenes Licht. Du lässt dich auf den Grund der Höhle sinken, der von ganz weichem Sand bedeckt ist, legst dich auf den Rücken und schaust einfach zu den Seesternen empor. Die anderen Meerjungfrauen tun es dir gleich, und ihr ruht euch aus, freut euch darüber, wie schön die Seesterne in allen Farben funkeln. Die kleine Meerjungfrau schwimmt langsam auf dich zu und legt sich neben dich. Sie nimmt deine Hand. »Diese Seesterne sind wirklich magisch«, sagt sie, »und jede von uns Meerjungfrauen hat ihren eigenen Stern. Wenn wir uns etwas wünschen, für uns selbst oder für Menschen und Tiere, die wir lieben, dann sagen wir es unserem Seestern, und er schickt den Wunsch direkt in den Himmel zu den Engeln. Die Engel im Himmel geben den Seesternen hier unter Wasser ihr eigenes Licht. Weißt du, wir können nicht an Land gehen, und wir können nur kurz außerhalb des Wassers atmen. Deshalb haben wir hier unten unseren eigenen Himmel und unsere eigenen Sterne.« Du bist ganz fasziniert, und auf einmal spürst du, dass du auch einen eigenen leuchtenden Seestern haben willst, dem du deine Wünsche schicken kannst. Und auf der Stelle sagt die kleine Meerjungfrau: »Aber natürlich hast du auch einen eigenen Stern, du bist doch eine von uns! Schau nur genau hin, dann siehst du ihn! Er findet dich, so, wie uns unsere Sterne immer finden.« Du schaust noch genauer hin, liegst im warmen Wasser, bist vollkommen leicht und frei und fühlst sich sehr glücklich mit all deinen Freunden. Und auf einmal beginnt ein wunderschöner Stern in deiner Lieblingsfarbe genau über dir zu blinken. »Das ist er«, flüstert die kleine Meerjungfrau dir zu und drückt deine Hand ganz fest. »Jetzt darfst du dir was wünschen. Oder du nimmst einfach dieses Funkeln und Strahlen in dich auf.« Du weißt nicht, wie, doch auf einmal öffnet sich etwas in dir, und das Schimmern deines Sterns fließt in dich ein, so, als würdest du es einatmen oder trinken. Du fühlst dich großartig, so glücklich und leicht wie noch nie zuvor. Wenn du einen Wunsch hast, dann darfst du ihn jetzt laut oder ganz, ganz leise sagen, damit der Stern ihn hört. Hast du das getan? Dann leuchtet der Stern jetzt ganz hell auf, als Zeichen, dass er dich verstanden hat. Er wird deinen Wunsch auf der Stelle an die Engel weiterleiten, damit er in Erfüllung gehen kann, auf die genau richtige Weise.

Ihr habt euch nun genug in der Höhle ausgeruht, die Meerjungfrauen schwimmen dir voran wieder aus der Höhle heraus. Draußen warten Delfine auf euch, die Wegbegleiter der Meerjungfrauen. Ein Delfin schwimmt auf dich zu, und du darfst ihn streicheln. »Halt dich an ihm fest!«, sagt die Meerjungfrau, die dich am Strand abgeholt hat, und das tust du. Auf einmal schwimmt er los, blitzschnell, und tobt mit dir durch das Wasser. Beinah kommt es dir vor, als hörtest du ihn lachen. Du hältst dich an ihm fest, und er zieht dich, du kannst ihm ganz und gar vertrauen, er hält dich. Noch nie hast du dich so sicher gefühlt, so geborgen und getragen, und du kannst gar nicht genug davon bekommen. Der Delfin trägt und zieht dich, solange du es willst. Das ist ganz leicht für ihn, und er tut das sehr gern für dich. Irgendwann aber lässt du doch los, denn du erinnerst dich, dass auch du selbst sehr schnell schwimmen kannst. Du forderst ihn heraus, ihr schwimmt um die Wette! Die anderen Meerjungfrauen schwimmen mit dir, feuern dich an, und ihr veranstaltet ein regelrechtes Wettschwimmen. Viele andere Delfine folgen, und noch nie hattest du so viel Spaß. Egal, ob du gewinnst oder nicht, du bist zusammen mit deinen Freunden, und du fühlst dich wohl und geborgen.

Nach einer Weile werdet ihr alle müde, ihr ruht euch aus, indem ihr euch im Wasser treiben lasst. Du spürst, dass du wieder an Land gehen willst, aber du weißt, dass du jederzeit wieder hierher kommen kannst, um mit den Meerjungfrauen zu spielen und deinen Seestern zu besuchen. Die Delfine und Meerjungfrauen begleiten dich bis zum Strand, und in dem Moment, in dem du aus dem Wasser steigst, bekommst du wieder deine Beine zurück. Am Strand liegen kuschelige Handtücher, und du trocknest dich ab. Du ziehst dich wieder an und – auf einmal bist du wieder hier in dieser Welt, du erinnerst dich, wo du bist und wer bei dir ist. Du machst die Au-

gen auf und fühlst dich frei und erholt. Du kannst jederzeit zurückkehren, die Meerjungfrauen und die Delfine,
besonders aber dein Seestern freuen sich auf dich.

Hast du die unterschiedlichen Sprachen der Liebe erkannt?
Die Zärtlichkeit, mit der dich die Meerjungfrauen umarm-
ten, die Hilfe, die dein Stern dir leistete, die Zweisamkeit, als
ihr zusammen in der Höhle wart? Das Geschenk, das dir der
Delfin gemacht hat, und die Ermutigung während des Wett-
schwimmens? Was hat dein inneres Kind am meisten berührt?
    Je bewusster du dir der verschiedenen Liebessprachen bist,
desto bewusster kannst du die Liebe deines Partners wahrnehmen, anerkennen und darauf antworten.

Wieso sprechen wir überhaupt unterschiedliche Sprachen der
Liebe, ergibt das auf seelischer Ebene einen Sinn? Wir erforschen Energiefelder, deshalb sind wir hier. Erforschen bedeutet
auf der Erde: Wir wollen fühlen. Das ist es, was das Menschsein ausmacht. Bewusstsein hast du auch auf anderen Ebenen.
Aber fühlen kannst du nur als Mensch, denn nur als Mensch
hast du einen Emotionalkörper. Auch denken kannst du nur
als Mensch. Liebe aber kannst du nur dann bewusst fühlen
lernen, wenn du auch die Abwesenheit von Liebe kennst. Die
verschiedenen Formen der Liebe fühlen sich unterschiedlich
an, aber eines ist immer gleich, wenn du Liebe empfängst:
Du spürst Wärme, Wohlgefühl, du bist verbunden mit anderen, und du fühlst dich willkommen, angenommen, gewollt.
Für einen Moment schweigt der innere Kritiker, und du ent-

spannst dich, für einen Moment ist alles in Ordnung, wenn du dich geliebt fühlst.

Der Mangel von Liebe ergibt also folgenden Sinn: Du entwickelst dadurch ein Bewusstsein für Liebe. Du weißt jetzt einfach, wie sich das Gegenteil anfühlt! Und weil das so ist, wirst du, wenn du das bewusst erlebst, immer empfänglicher für jede Form der Liebe.

Wie stellt die Seele sicher, dass du die Abwesenheit von Liebe erfährst? Indem sie sich entsprechende Eltern aussucht, ganz einfach. Stelle dir vor, du sprichst zum Beispiel die Sprache der Zärtlichkeit. Deine Mutter aber umarmt dich nicht oder wenn, dann nur flüchtig – weil sie nie Zeit hat oder einfach nicht gern umarmt. Sie verlangt von dir, dass du ihr hilfst, dass du zur Verfügung stehst, wenn etwas getan werden muss. Das ist vollkommen verständlich. Aber was passiert? Du wirst ein paar Mal zurückgewiesen, wenn du kuscheln willst, du schämst dich, und es tut weh. Du erlebst die Abwesenheit von Liebe. Nicht, weil deine Mutter dich nicht liebt! Sondern weil du ihre Art der Liebe nicht als solche erkennst. Auch sie erkennt deine Art, Liebe zu geben, nämlich durch dein Kuscheln, nicht. Eine der wichtigsten Gehirnfunktionen aber ist die Schmerzvermeidung. Und so passt du dich an. Deine ursprüngliche Sprache der Liebe verkümmert, und du lernst eine zweite – die der Hilfsbereitschaft. Du sprichst die Sprache der Liebe von nun in einer Fremdsprache. Und egal, wie gut du sie auch zu sprechen lernst – du vermisst deine Heimat, die Muttersprache deiner Liebe. Du erlebst Mangel. Auch andersherum funktioniert das Beispiel: Du willst helfen, trägst deinen Eltern Dinge hinterher, doch du erntest dafür keine Beachtung – jene Beachtung, die dir bestätigen würde, dass deine Liebe angekommen ist. Du sollst aber immer auf den Schoß kommen, weil dein Vater oder deine Mutter die Sprache der Zärtlichkeit spricht. Du malst ein Bild, ein Geschenk, doch es wird nur flüchtig wahrgenommen. Die Sprache des Lobes und die Sprache der Zweisamkeit werden von Kindern selten verlangt, doch sie werden auch nur selten in diesen Sprachen angesprochen. Im Gegenteil, oft genug wollen die Eltern (verständlicherweise) ihre Ruhe haben und schicken dich in dein Zimmer, du darfst nicht mit im Bett schlafen, nicht einfach nur dabeisitzen, wenn sie reden. Gelobt wirst du auch nie, im Gegenteil, ab einem gewissen Alter ist das, was du tust, irgendwie nie gut genug. Die Sprache der Hilfsbereitschaft wird dafür umso mehr gefordert. Später kommen kleine Geschenke hinzu, du sollst teilen lernen, der Oma ein Bild malen oder aber im Gegenteil nicht so gierig sein.

Wir brauchen aber alle Sprachen. Dein Energiefeld ist nur dann gut genährt, wenn du alle Ebenen der Liebe erfährst und geben kannst. Und so kann es gut sein, dass uns unser Partner genau die Bereiche zeigt, in denen wir selbst noch nicht frei sind, in denen wir unsere Liebe, aus welchen Gründen auch immer, noch nicht in dem Maße fließen lassen, wie es möglich wäre, oder?

Wie wäre es, wenn wir uns die Sprachen der Liebe zurückerobern würden, einfach so? Wir sind liebende, geistige Wesen, und wir sind fühlende Menschen. Wir dürfen darauf bestehen, dass wir ermächtigt werden, unsere Liebe so frei und ungefiltert wie nur möglich auf der Erde fließen zu lassen. Die Welt braucht unsere Liebe, deine, so deutlich und ausdrucksstark wie nur möglich.

Innere Reise: Die Schlüssel der Liebe

Mache es dir bequem, entspanne dich, atme ein paar Mal tief durch. Es gibt nichts mehr zu tun, du brauchst niemandem zu gefallen, es niemandem recht zu machen. Du kannst dich einfach ausruhen, einfach sein, wie du gerade bist.

Stelle dir vor, du gehst durch ein Tor. Hinter dem Tor befindet sich eine wundervolle Landschaft. Du bemerkst einen Weg, den du zufrieden und ruhig entlanggehst. Dieser Weg führt dich sanft nach oben, immer höher, bis du an ein goldenes Tor gelangst. Vor dem Tor steht ein Engel, ein Wächter. Er verneigt sich vor dir, weil er deine reine Absicht erkennt, und öffnet das Tor. Du gehst hindurch und bist auf einmal von reiner Liebe durchströmt, so klar und deutlich, wie du es noch nie gespürt hast. All deine Chakren öffnen sich, alles, was schwer ist, wird aus dir herausgeschwemmt, du fühlst dich wie von Liebe durchgeputzt. Der Strahl der Liebe ist so kristallklar, so kraftvoll, dass dein ganzer Körper zu vibrieren und kribbeln beginnt. Nun tritt eine Lichtgestalt auf dich zu. Auch sie verneigt sich vor dir und dankt dir, dass du zur Erde gehen und alles über Liebe erforschen willst. Du bist so sehr vom Strahl der Liebe durchströmt, dass du dir auf dieser Ebene gar nicht vorstellen kannst, wie es ist, Mangel zu erleben. Es scheint alles ganz selbstverständlich zu sein: Du gehst zur Erde und wirst immer und jederzeit von dieser Energie durchflossen, berührt, genährt und kannst sie jederzeit und in jeder Form weitergeben. Es scheint geradezu absurd, wenn du auf dieser hohen Ebene bist, dass du je die Abwesenheit von Liebe erleben könntest! Verschiedene Engel kommen nun auf dich zu. Jeder dieser Engel berührt dich im Herzen, und mit jeder Berührung öffnet es sich weiter. Du bekommst von jedem Engel einen Schlüssel, die alle unterschiedlich aussehen, Schlüssel zu den Herzen aller Menschen. »Hüte die Schlüssel«, sagen dir die Engel, »sie alle sind gleichermaßen wichtig. Mit diesen Schlüsseln kannst du die Liebe überall und jederzeit verbreiten, du wirst immer wissen, welchen das Herz des Menschen, den du berühren willst, gerade braucht. Geh hin, und diene der Liebe.«

Du fühlst dich reich und kraftvoll mit den Schlüsseln der Liebe in deinem Herzen, auf eine sehr gesunde Weise ermächtigt. Und so ist es auch.

Komme dann in deiner Zeit mit all diesen Schlüsseln zurück in den Raum, in dem du dich befindest. Einige dieser Schlüssel sind dir sehr vertraut, andere nicht. Von nun an kannst du sie alle nutzen. Und ich bitte dich, fange gleich damit an.

Die Verweigerung der Liebe

Wir haben viel über die Sprache der Liebe und auch über das innere Kind gesprochen. Was aber, wenn wir uns selbst oder den anderen passiv-aggressiv erleben, eher in der Verweigerung als in der Hingabe und Bestätigung? Was, wenn wir schon alles gegeben haben, was, wenn wir dem anderen grollen, was, wenn er uns verletzt hat oder wenn immer wieder die gleichen Schwierigkeiten auftreten? Was also, wenn euch das Greifen nach den Sternen der Liebe müde und mürbegemacht hat?

Was, wenn du dir einen Partner gesucht hast, der deine Sprache der Liebe übermäßig in Anspruch nimmt, weil er tief bedürftig ist?

Wie gehen wir mit unserer Sorge um, selbst ausgenutzt zu werden? Liebe kann nicht gefordert werden, und wenn wir genötigt werden, Liebe zu zeigen, dann verschließen wir uns meistens nach einer Weile. Auf Erwartungsdruck reagieren wir mit Rückzug, und das ist auch richtig so, denn wir schützen uns dadurch. Schwierig wird es, wenn wir eine Bitte, einen Wunsch des Partners als Erwartungsdruck verstehen und uns viel früher verschließen, als uns selbst und unserer Beziehung guttut. Wenn dich dein Partner nicht einmal mehr um etwas bitten darf, weil du dich dann auf der Stelle verweigerst, läuft etwas schief. Auch wenn du deine Wünsche sehr sorgfältig äußern musst, damit sich der andere nicht auf der Stelle unter Druck gesetzt fühlt, habt ihr in eurer Beziehung ein Tretminenfeld geschaffen oder einem bereits bestehenden erlaubt, zu wirken.

Fast immer hat uns der allzu große Erwartungsdruck, der auf uns lastet, verstummen lassen. Das Gemeine ist, dass dieser Erwartungsdruck überhaupt nichts mit unserem Partner zu tun haben muss. Meistens ist er in der Kindheit entstanden, oft genug unbeabsichtigt. Wenn du als Kind mit Situationen umgehen musstest, die dich überforderten, wenn niemand da war, der dich gesehen, deine Bedürfnisse gestillt hat, der dich ermutigte, beschenkte, hielt, nährte, streichelte und dir half, dann fehlt dir Energie. Dann ist dein Liebeskonto im Soll, und dann ist jede Liebesbezeigung anstrengend. Womöglich nutzt du deine Sprache der Liebe, um Energie zu bekommen. Dann ist sie kein Ausdruck von Liebe mehr, sondern eine Tauschware.

Wie erlösen wir uns selbst und den anderen aus der Verweigerung?

Es braucht eine eindeutige und klare Entscheidung. Nämlich die, trotz alldem zu lieben. Wir können unsere Geschichte nicht ändern. Wir sind verletzt, was ist sonst neu. Wir haben Angst, zu viel zu geben, zu wenig zu bekommen, wieder ausgenutzt zu werden, wieder mit leeren Händen dazustehen. Nun, wir werden das riskieren müssen. Natürlich achten wir gut auf unser Bauchgefühl. Wir hören auf unsere innere Stimme, die uns warnt. Ganz gefeit sind wir nie vor Verletzung, wenn wir lieben, das Leben kommt nun einmal ohne Vollkaskoversicherung daher. Aber wir können neu beginnen, uns und der Liebe eine neue Chance geben.

Wir sprachen zu Beginn über das Löwenherz, erinnerst du dich? Dieses Löwenherz, das tapfer, beherzt und unbeirrt liebt, das wild und frei ist, egal, was uns bislang verletzt hat, dieses Löwenherz ist unsere Rettung. Rufen wir es in unser Leben. Es weiß, wann Loslassen die bessere Alternative ist und wann es sich lohnt, am Ball zu bleiben. Es gibt dir neue Kraft, neuen Mut und unbändigen Lebenswillen. Besonders für dich und dein eigenes Leben.

Nähre bitte immer erst *dich,* dann die anderen. Dreimal. Einmal, damit du versorgt bist, ein zweites Mal, damit deine Speicher gefüllt sind, und ein drittes Mal, damit du etwas zum Weitergeben hast.

Meditation: Dein liebendes Löwenherz zurückrufen

Mache es dir wie immer bequem, und schließe deine Augen. Stelle dir ein Tor vor, das du jetzt ganz leicht durchschreitest. Hinter dem Tor gehst du ein wenig spazieren. Du befindest dich in einer Steppenlandschaft, du kannst sehr weit sehen. Die Farben der Landschaft sind leuchtendes Gold, tiefes Bronze und flammendes Rot. Der blaue Himmel spannt sich über dir auf, und ist so weit, wie du es dir gerade noch vorstellen kannst. In einiger Entfernung erblickst du ein Rudel Löwen, und sie erscheinen dir so vertraut, dass du zu ihnen hinübergehst. Die Löwen heben ihre Köpfe und schauen dich mit ihren funkelnden, bernsteinfarbenen Augen an. Du spürst, dass sie dich in ihre Gruppe einladen, und du setzt dich zu einem besonders liebevollen und großen Löwen. Ganz sanft legt er dir eine große Pranke auf dein Bein. Du spürst die Krallen und fühlst dich vollkommen sicher bei diesem Löwen. Du lehnst dich an ihn, spürst seinen Herzschlag. Du schließt die Augen und erlebst, wie du mit diesem Löwen verschmilzt, eins mit ihm wirst. Du spürst seine unbändige, unerschrockene Lebensenergie. Sein Herz schlägt laut und kräftig, und plötzlich kommt es dir vor, als würdest du eins mit seinem Herzschlag, gerade so, als wäre dieses Herz dein eigenes. Du nimmst die unerschütterliche Ruhe wahr, die Gelassenheit, das Vertrauen in die eigene Kraft. Es ist, als beginne flüssiges Feuer in deine Adern zu fließen, das dich belebt und all die emotionalen Schlacken der Vergangenheit rückstandsfrei verbrennt. Es strömt durch deinen ganzen Körper und erweckt jede Zelle, schenkt jeder Faser Mut und Selbstvertrauen. Dieser Löwe, das weißt du, gibt niemals auf. Er ist nicht immer erfolgreich. Aber das gehört zum Leben. Er macht weiter. Er lässt sich nicht unterkriegen, er steht auf, schüttelt seine Mähne und vertraut dem Leben und sich selbst immer wieder neu. Plötzlich löst sich aus dem Herzen des Löwen ein zweites, goldenes. Es schimmert und funkelt, als wäre es aus reinem Sonnenlicht geschaffen worden. Der Löwe verkörpert Vater Sonne, erinnerst du dich plötzlich, und du fühlst die feurige, wilde Schöpferkraft dieses goldenen Herzens. Nun beginnt dieses goldene Herz, in dich hineinzuströmen und dein eigenes Herz zu berühren. Vielleicht merkst du, wie sich dein Herzschlag verändert. Dein Herzchakra und der gesamte Brustraum werden auf einmal weit und leicht, fast ist dir zum Jauchzen zumute.

»Ich habe dieses Herz für dich gehütet«, vermittelt dir der Löwe durch seine Gedanken. »Es ist Zeit, dass du liebst, unerschrocken und kühn. Andere, aber ganz besonders dich selbst. Steh für dich ein, zeig dich mit dem, was du kannst, hör auf, an dir zu zweifeln. Liebe wild und frei, mutig und entschlossen. Liebe genau da, wo du dich normalerweise verschließen würdest. Liebe dennoch, erst recht. Liebe.«

Die Sonnenkraft dieses Löwenherzens reichert dein Blut mit Mut und Entschlossenheit an. Du spürst das goldene Sonnenfeuer durch dich strömen, mit jedem Herzschlag verteilt es sich mehr. Dein ganzer Körper kribbelt, und du spürst, es ist Zeit, die Vermeidung hinter dir zu lassen und Ja zu sagen. Zum Leben, zu dir selbst, zu allem, was du liebst. Der Löwe steht nun auf, und wie von selbst gleitest du auf seinen Rücken. Er läuft mit dir pfeilschnell durch die Savanne, du liegst auf ihm, krallst dich an seiner Mähne fest und lässt dich tragen. Auch die letzten Reste deiner vertrauten Zögerlichkeit und Vorsicht fallen nun von dir ab, und es kann dir gar nicht wild genug sein.

Nun geschieht ein Wunder – goldene Flügel brechen aus dem Rücken des Löwen hervor, und er erhebt sich mit dir in die Lüfte. Die Flügel sind ganz zart behaart, wie Katzenohren. Ihr lasst euch sanft vom Wind tragen, segelt zwischen den Wolken. Während du selig und frei auf dem Rücken des Löwen liegst, ziehen plötzlich die Ereignisse an dir vorbei, die dazu geführt haben, dass du dich von deinem eigenen Löwenherz trenntest. Verletzungen, Enttäuschungen, Verluste. Du wirst alle Gründe haben, nicht mehr lieben zu wollen oder wenn, dann nur noch kontrolliert und mit Rückfahrschein. Hier oben, über und in den Wolken, in aller Geborgenheit und Freiheit, erkennst du, wie sehr du dich damit vom Leben abgeschnitten hast. Du bist der Schmerzvermeidung aufgesessen. Sie hat gute Gründe und kommt als Freundin daher, ist aber keine gute Ratgeberin, wenn es um Liebe geht. Etwas in dir beginnt, sich zu lösen, zu entspannen, einfach so, als öffne sich ein Tor in deinem Inneren. In Gedanken siehst du dich nun zurückgehen, zurück in die Situation, die dich so sehr verletzt hat. Du gehst zu dem Menschen, der du damals warst, und stehst ihm bei. Du stehst dir selbst zur Seite, holst dich aus der verletzenden Situation heraus oder machst dir Mut. Manchmal genügt es schon, dir selbst zu sagen, dass du bei dir bist und dass alles wieder gut wird. Dann lässt du diese goldene Löwenherzkraft, die dir jetzt zu eigen ist, in den Menschen, der du damals warst, einströmen.

Nun erscheint eine andere Situation vor deinem inneren Auge: Jene Situation, in der deine Liebe nichts oder nur viel zu wenig bewirken konnte, nicht retten, nicht heilen, nicht bewahren. Jene Situation, in der du schmerzlich gelernt hast: Deine Liebe ist nicht allmächtig, ihre Wirkung ist endlich. Die Situation, in der du entschieden hast, nicht mehr oder nur noch verhalten zu lieben, weil deine Liebe sowieso nichts bewirkt. Vielleicht waren es viele kleine Ereignisse, vielleicht ein Schlüsselerlebnis. Gehe hin zu der Person von damals. Vielleicht ist es sogar dein inneres Kind. Gehe hin, und lass deine neue Löwenkraft in dieses jüngere Selbst einfließen. Nur das. Nur diese Kraft, die weiß, wann sie loslassen muss, ohne sich deshalb entmutigen zu lassen.

Plötzlich ist es, als richte sich etwas in dir neu aus.

Immer freier fühlst du dich, all die Vermeidung fällt von dir ab, und du entscheidest, neu zu beginnen und wieder unbeschwert zu lieben, gerade so, als seiest du niemals verletzt, entmutigt oder verlassen worden.

Der Löwe trägt dich immer weiter durch die Lüfte, du spürst, wie groß seine eigene Freude ist, zu fliegen und dich zu tragen.

Er fliegt dich bis an das Tor, durch das du gekommen bist. »Ich bin immer hier, wenn du Mut und Tatkraft brauchst«, lässt er dich wissen, und weil das so ist, weil du ihm glaubst, steigst du von seinem Rücken herunter, verabschiedest dich, dankst ihm und kommst mit deinem neuen Löwenherz in den Raum zurück, in dem du dich jetzt befindest.

Findet Brücken und Übersetzungsmöglichkeiten für eure Liebessprachen. Ist der eine ein Geschenketyp und der andere braucht die Zweisamkeit, dann schenkt eben der Schenkende genau das: Zweisamkeit. Der, der die Zweisamkeit anbietet, deklariert seine Zeit zum Geschenk für den anderen. Gebt euch eine Chance. Brauchst du Zärtlichkeit und der andere will so gern helfen, dann sage ihm, dass er dir hilft, wenn er dich massiert und sanft berührt. Das ist kein Trick, sondern es stimmt. Wünschst du dir Lob und Anerkennung und dein Partner ist bekennender Zweisamkeits-Liebender, dann setzt euch zusammen, und sagt euch gegenseitig, was ihr so sehr aneinander liebt: So habt ihr ungeteilte Aufmerksamkeit (Zweisamkeit) und Lob in einem Aufwasch. Verstehet ihr? Ihr könnt das, was ihr braucht, ohne Mühe in die Sprache des anderen übersetzen, dann bekommt ihr beide, was nötig ist. Verknüpft eure Sprachen. Ihr wart einmal zwei voneinander getrennte Einzelwesen, die sich zu einem größeren Ganzen zusammengefunden haben. Und genau das dürfen auch eure Liebessprachen tun. Ihr entwickelt eine völlig neue Ausdrucksform, wenn ihr kreativ und wertschätzend mit euren Bedürfnissen umgeht – liebevoll und offen. Wenn ihr entscheidet, dass jeder von euch bekommt, was er braucht, dass keine der Sprachen wertvoller ist als die andere (denn das ist sie nicht), dann werden euch zahllose Varianten des Liebesausdruckes einfallen.

Ihr könnt gemeinsam immer neue Möglichkeiten finden, euch eure Liebe so zu zeigen, dass es für euch beide passt. Ihr erschafft eine neue, einzigartige Sprache. Ich halte es für nicht so sinnvoll, wenn ihr euch gegenseitig in eurer Liebessprache bedient, weil sich das wie ein Opfer anfühlen kann. Wenn mir jemand hilft, obwohl ich weiß, dass er sich dabei nicht wirklich wohlfühlt, dann bekomme ich sofort wieder den Impuls zu helfen. Ich kann die Hilfe nicht ganz offen und frei annehmen. Es geht dem anderen ja gerade nicht allzu gut damit. Erschafft etwas Neues. Nutzt euer Schöpferpotenzial, und erschafft eure Sprache der Liebe, eure Geheimsprache, die euch beide gleichermaßen erfüllt. Als Kinder konnten wir das.

Und so entsteht aus den fünf Basissprachen der Liebe euer unermesslich wertvolles, fantasiereiches und einzigartiges Liebesflüstern.

Wir erfinden neue Sprachen, unsere. Und wer weiß? Vielleicht ging es Gott bei all der babylonischen Sprachverwirrung auch genau darum.

Nachwort

Liebe Leser,

hat das Buch euer Bewusstsein, eure Achtsamkeit für eure Liebe genährt? Einen liebenden Partner an der Seite zu haben, zu lieben und geliebt zu werden, ist ein so großartiges Geschenk des Lebens, dass sich jede Mühe lohnt, diese Liebe zu hegen und zu pflegen. Wenn es denn Liebe ist. All diese Ideen und Übungen sind keine Tricks, um den anderen zur Liebe zu bewegen. Sie nutzen nur, wenn die Liebe Unterstützung braucht. Aber sie erzeugen keine Liebe. Wenn ihr also merkt, ihr klammert euch aneinander, obwohl euer Weg zu Ende ist, wenn ihr spürt, dass ihr auf eurem gemeinsamen Weg nur noch so vor euch hin trottet, weil ihr Angst habt, euren jeweils eigenen zu gehen, dann fasst den Mut, und öffnet euch für eine neue Liebe. Wenn sich ein Paar trennt, dann ist das, was die Seelen aneinander lernen wollten, einfach erledigt. Eine Trennung ist auch ein Akt der Liebe: der Liebe zum Leben, zu sich selbst, auch der Liebe zum Partner. Denn wenn ihr euch trennt, wird der Weg für euch beide wieder frei. Dieses Buch dient dem Zusammenbleiben. Aber nicht um jeden Preis.

Ich hoffe, ihr hattet viele schöne und innige Momente zusammen, und ich freue mich sehr, wenn ich eurer Liebe durch dieses Buch dienen durfte.

Friede für euren Weg
Susanne Hühn

Über die Autorin

Susanne Hühn wurde 1965 in Heidelberg geboren. Schon mit fünf Jahren beschloss sie, Masseurin zu werden. Nach dem Abitur besuchte sie eine Schule für Physiotherapie, machte 1986 ihr Staatsexamen und arbeitete danach als Krankengymnastin.

Der Zusammenhang zwischen dem Denken und Fühlen und dem körperlichen Symptom, das ihre Patienten jeweils zeigten, interessierte Susanne Hühn besonders, und so absolvierte sie Ausbildungen und Seminare zum Thema ganzheitliche Medizin. Mit 28 Jahren ließ sie sich zur psychologischen Beraterin ausbilden. Aufgrund eigener Themen kam sie auch in Kontakt mit spirituellen Therapieformen wie Kinesiologie und Reinkarnationstherapie nach Rhea Powers.

Parallel zu ihrer Tätigkeit als Physiotherapeutin begann Anfang der Neunzigerjahre Susanne Hühns Weg als spirituelle Lebensberaterin und Meditationslehrerin. Zudem fing sie 1992 an zu schreiben. Nach wie vor faszinierte sie der Zusammenhang zwischen Körper, Geist und Seele, und so begab sie sich auf ihre eigene Forschungsreise. Ihr erstes spirituelles

Selbsthilfebuch entstand 1999 und wurde im Schirner Verlag veröffentlicht. Im Jahr 2005 beendete Susanne Hühn ihre Tätigkeit als Physiotherapeutin. Seither widmet sie sich ganz der Lebensberatung und dem Schreiben von Büchern, Artikeln und Geschichten.

Ebenso von Susanne Hühn im erschienen

Susanne Hühn • Mike Köhler

Schatz, ich muss dir was sagen ...
Wenn die Liebe ein Wunder braucht

978-3-8434-1015-1

Wir leben in einer Zeit der Energieerhöhung, und wir brauchen neue Werkzeuge, viel mehr Liebe und Klarheit als je zuvor, um uns all den Herausforderungen, die durch unsere Beziehungen entstehen, stellen zu können. Unsere Liebesbeziehungen bilden den Raum, in dem die neue Energie von Klarheit, Liebe und Selbstbestimmung wirksam werden kann, wenn wir es erlauben. Gerade die Bereiche, die schwierig sind, die uns immer wieder zu der Frage »Willst du das wirklich länger tragen?« veranlassen, brauchen Erlösung. Überall da, wo eine Beziehung ins Stocken geraten ist, fließt das Leben nicht mehr richtig und wird gebremst. Dieses Buch will den Lesern Möglichkeiten zur Verfügung stellen, mit denen sie das Leben wieder einladen und sich durchlässiger und hingebungsvoller, standhafter, aber auch unabhängiger machen.

Susanne Hühn

Seh' ich aus wie deine Mutter?
Mitgefühl und Heilung für das innere Kind in Beziehungen

978-3-8434-1130-1

Damit die Liebe erwachsen werden kann!

Warum ist das innere Kind so wichtig, wenn es um Beziehungen geht? Leben Sie es in einer Beziehung aus, dann aktivieren Sie in Ihrem Partner den Elternanteil. Schlüpfen Sie hingegen in die Rolle der Mutter oder des Vaters, erwecken Sie das innere Kind des anderen. Eine Liebesbeziehung wird jedoch von Mann und Frau geführt – weder vom inneren Kind noch von der inneren Mutter oder vom inneren Vater. Aber was bedeutet es überhaupt, Frau bzw. Mann zu sein? Wie unterscheidet man zwischen den inneren Anteilen? Gewohnt kompetent und klar beantwortet Susanne Hühn diese und viele andere Fragen. Sie führt Sie auf eine heilige Reise der Liebe, eine Reise in eine heilsame und erwachsene Beziehung.